Dorothea Hall

Kreuzstich-Miniaturen

Für Karten und kleine Geschenke
Nach Zählvorlagen leicht gestickt

Augustus Verlag

Die Deutsche Bibliothek – CIP-Einheitsaufnahme
Kreuz-Miniaturen: für Karten und kleine Geschenke; nach Zählvorlagen leicht gestickt / Dorothea Hall. [Übers. aus dem Engl.: Erica Mertens-Feldbausch]. – Augsburg: Augustus-Verl., 1994
ISBN 3-8043-0279-3

Die englische Originalausgabe erschien bei Merehurst Limited, London, unter dem Titel:
Cross Stitch Gifts
und
Cross Stitch for Special Occasions

Übersetzung aus dem Englischen: Erica Mertens-Feldbausch, München

Fotografie: Di Lewis
Illustrationen: John Hutchinson
Lektorat der deutschen Ausgabe: Helene Weinold
Umschlaggestaltung: Christa Manner, München
Layout: Maggie Aldred

Augustus Verlag Augsburg 1994

Satz: satz-studio, Bäumenhein
Reproduktion: Fotographics Limited, UK-Hong Kong
Druck und Bindung: Himmer, Augsburg
Printed in Germany
ISBN 3-8043-0279-3

INHALT

EINFÜHRUNG

Der Reiz der Kreuzstickerei liegt nicht zuletzt in ihrer Vielseitigkeit, mit der man vor allem bei der Herstellung kleiner Geschenke nach Lust und Laune „spielen" kann. Das Anfertigen solcher kleiner Stickarbeiten kann dem Schenkenden ebensoviel Freude bereiten wie das fertige Ergebnis dem Beschenkten. Selbst winzige Motive, wie die Elster auf dem Lesezeichen, wirken lebendig und dekorativ und erfordern wenig Zeit zum Sticken.
Der Kreuzstich ist ausgesprochen einfach; über eine bestimmte Zahl von Gewebefäden gearbeitet, erscheint er übersichtlich und regelmäßig, so daß selbst ungeübte Anfänger schon nach kurzer Zeit rasch und sicher beim Sticken vorankommen.
Sämtliche Motive in diesem Buch sind leicht zu sticken. Die Fertigstellung einiger Gegenstände, beispielsweise der Lesezeichen, erfordert zudem nur ein Minimum an Zeitaufwand, weil sie auf fertigen Stickbändern gearbeitet werden.
Für jedes Motiv gibt es ein exaktes Zählmuster, eine Liste der erforderlichen Farben sowie eine ausführliche Anleitung zur Fertigstellung des Gegenstandes. Überdies erfahren Sie im Kapitel „Grundtechniken" alles Wissenswerte zur Kreuzstickerei – von der Vorbereitung des Stoffes über den Umgang mit Stickrahmen bis hin zum Aufziehen von Stickbildern auf Karton.
Gerüstet mit allem Wissenswerten über die Kunst des Kreuzstickens, können Sie sich nun an die Herstellung der hier vorgestellten Geschenke machen, mit denen Sie gewiß Freude bereiten und Ehre einlegen werden.

Grundtechniken

Ehe Sie beginnen

Den Stoff vorbereiten

Selbst bei schonendem Umgang mit dem Material neigen gleichmäßig gewebte Stoffe oft dazu, an den Kanten auszufransen. Ratsam ist es deshalb, vor dem Sticken die Ränder mit einfachem Nähgarn zu umstechen.

Anleitungen

Für jedes Modell ist zunächst das erforderliche Material aufgelistet. Sämtliche Motive werden auf Stoffe wie Aida oder Lugana (Hersteller: Zweigart) gestickt. Die Maße enthalten eine Rundum-Zugabe von mindestens 5 cm, damit Sie den Stoff problemlos in einen Stickrahmen einspannen und die Kanten zum Schutz gegen Ausfransen sichern können.
Gestickt wird mit Sticktwist. Die Farben für jedes Motiv sind in einer Tabelle aufgeführt (die Nummern beziehen sich auf DMC-Sticktwist). Normalerweise genügt je Farbe ein Strang Sticktwist; wird mehr Garn benötigt, findet sich ein entsprechender Hinweis.
Das Sticken nach Zählmustern, besonders solchen, in denen mehrere Symbole dicht nebeneinander liegen, ist manchmal weniger mühsam, wenn Sie mit einer vergrößerten Vorlage arbeiten, in der die Quadrate und Symbole deutlicher zu erkennen sind. Für ein paar Pfennige kann man in vielen Fotokopierläden die Zählmuster vergrößern lassen. Noch einfacher wird das Zählen, wenn Sie die Vorlage entsprechend den Symbolen mit Buntstiften farbig ausmalen.
Markieren Sie vor dem Sticken – den Pfeilen im Zählmuster entsprechend – die Mitte des Motivs mit Hilfe zweier senkrecht bzw. waagrecht verlaufender Heftfadenlinien auf dem Stoff.
Die im Zählmuster markierten und in den Stoff gehefteten Mittellinien dienen als Orientierungshilfen zum Auszählen der Quadrate und Gewebefäden und damit zum exakten Plazieren des Motivs.

Sticken mit dem Rundrahmen

Für das Besticken kleiner Flächen wird am häufigsten der Rundrahmen aus zwei ineinander steckenden Ringen (Tamburierrahmen) benutzt. Der äußere Ring besitzt in der Regel eine Stellschraube, mit deren Hilfe der Stoff straff gespannt werden kann. Rundrahmen sind in unterschiedlichen Größen mit Durchmessern von 10 cm bis 38 cm erhältlich und oft mit einer Tischhalterung oder einem Bodenständer ausgestattet.
1 Legen Sie die Fläche, die bestickt werden soll, über den inneren Ring und schieben Sie den äußeren Ring mit

gelockerter Stellschraube darüber. Zur Vermeidung von Druckstellen kann man ein Blatt Seidenpapier über den Stoff legen, mit einspannen und das Papier nach dem Festziehen der Stellschraube über der zu bestickenden Fläche wieder abreißen.

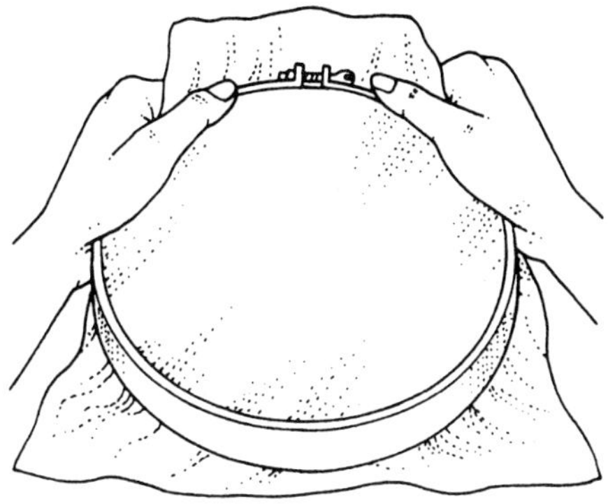

2 Vor dem Festziehen der Stellschraube den Stoff glätten und – falls erforderlich – den Fadenlauf gerade ausrichten. Das Material sollte gleichmäßig gespannt sein.

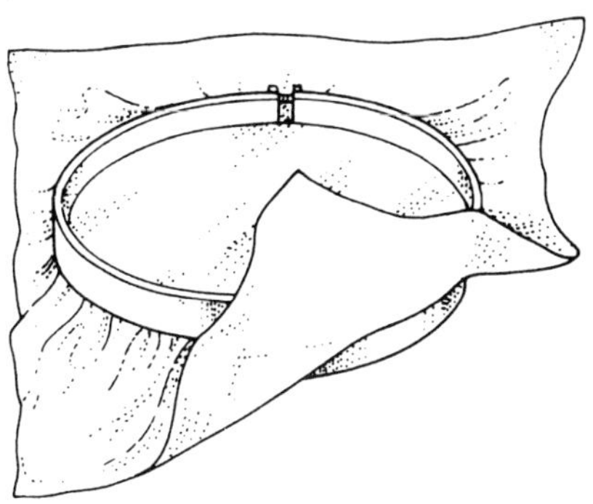

Sticken mit dem Viereck-Rahmen

Viereckige Rahmen, sogenannte Leistenspannrahmen, sind für größere Stickarbeiten besser geeignet. Sie bestehen aus zwei Rollen, auf denen der Länge nach ein robustes Band befestigt ist, und zwei flachen Seitenleisten, die durch Schlitze in den Rollen geschoben und mit Zapfen oder Schrauben verankert werden. Leistenspannrahmen sind in unterschiedlichen Größen, auch mit verstellbarem Bodenständer oder Tischhalterung erhältlich. Die Größe wird von der Länge bzw. Breite der mit Band ausgestatteten Rolle bestimmt und liegt zwischen 30 cm und 68 cm. Als Alternative zum Leistenspannrahmen kann man sich

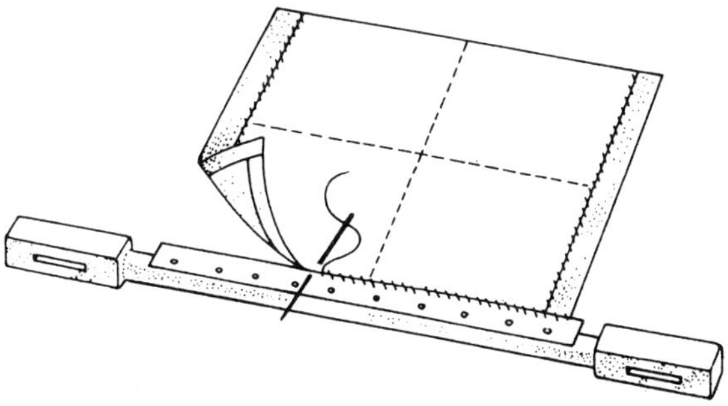

auch mit einem Keilrahmen für Künstlerleinwand, einem Batikrahmen oder der Rückseite eines ausgedienten Bilderrahmens behelfen. In diesem Fall schlägt man einfach – vorausgesetzt die Stoffzugabe rund um die fertige Stickerei reicht aus – die Kanten einmal um und fixiert sie mit Reißnägeln oder Heftklammern am Rahmen.

1 Schneiden Sie zum Sticken im Leistenspannrahmen den Stoff in Größe der fertigen Stickerei plus eine Rundumzugabe von 5 cm zu. Die Ober- und Unterkante 12 mm breit umschlagen und heften, und auf die beiden Seitenkanten ein 2,5 cm breites, robustes Band aufsteppen. Anschließend die beiden Mittellinien mit Heftstichen markieren. Nähen Sie nun mit kräftigem Faden und von der Mitte nach außen arbeitend die Ober- und Unterkante am Stickrahmenband fest. Die Seitenleisten in die Schlitze schieben und überschüssigen Stoff auf eine der beiden Rollen aufwickeln, bis die Stickfläche straff gespannt ist.

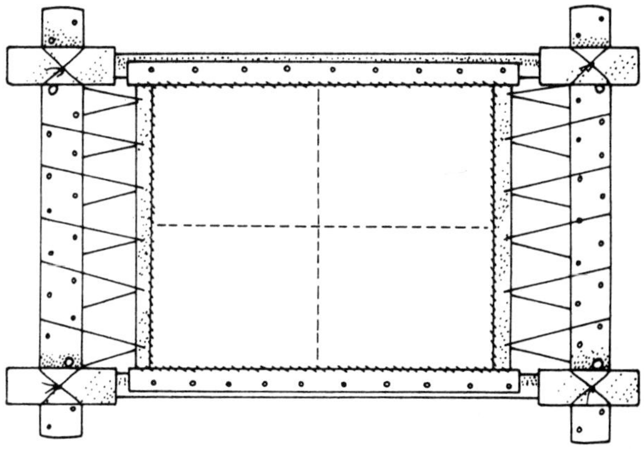

2 Die Zapfen einschieben bzw. die Schrauben so fest anziehen, daß der Rahmen zusammenhält. Fädeln Sie nun in eine Nadel mit großem Öhr (Teppich-Nadel) einen kräftigen Faden oder eine dünne Schnur, schnüren Sie die mit Band besetzten Seitenkanten zickzackförmig und in Abständen von 2,5 cm an den Seitenleisten so fest, daß der Stoff dabei gleichmäßig gespannt wird (siehe Abbildung) und verknoten Sie Faden- oder Schnurende fest an den Rahmenecken.

Anstückeln

Kleine Stücke Stickereistoff, beispielsweise für Lesezeichen, lassen sich für das Einspannen in einen Rundrahmen ohne weiteres anstückeln.

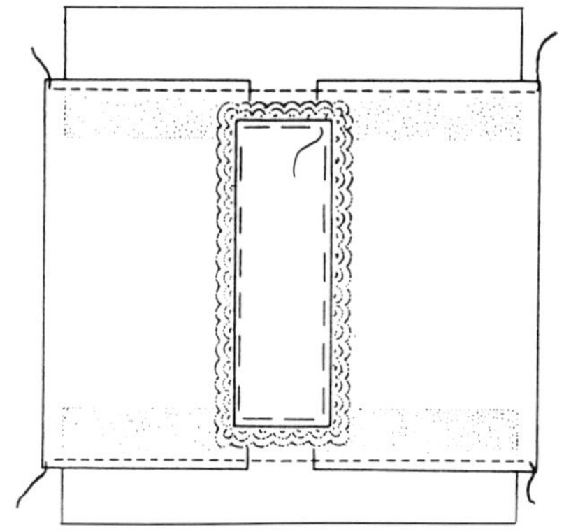

Verwenden kann man dafür Stoffreste ähnlicher Qualität. Schneiden Sie einfach vier Stücke in passender Größe zurecht, heften Sie sie der Abbildung entsprechend an den Stickereistoff und spannen Sie dieses „Patchwork" wie gewohnt in den Rundrahmen.

Schnittmuster vergrößern

Um ein Schnittmuster zu vergrößern, brauchen Sie kariertes Papier mit Ein-Zentimeter-Raster, ein Lineal und einen Bleistift. Wenn der Maßstab beispielsweise 1:5 betragen soll, ein Zentimeter-Karo der verkleinerten Vorlage also fünf Zentimetern im Original entsprechen soll, zeichnen Sie zunächst das Fünf-Zentimeter-Raster auf. Übertragen Sie die Zeichnung nun Karo für Karo auf das größere Raster. Gerade Linien ziehen Sie mit dem Lineal, abgerundete freihändig.

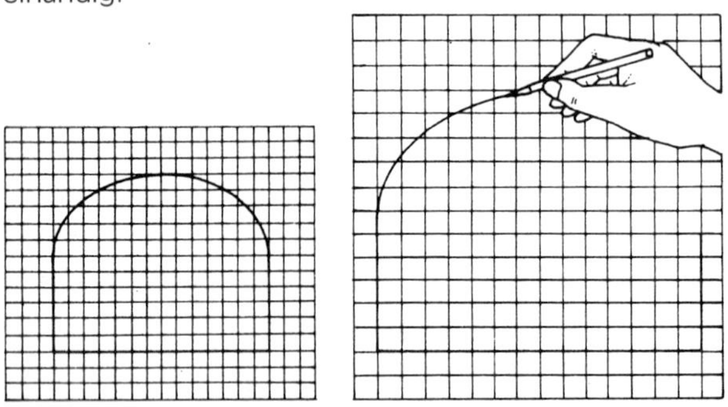

Ränder mit Schrägstreifen einfassen

Es gibt fertig gefalzte Schrägstreifen zu kaufen, die sich sehr gut dazu eignen, Stickereien auf ganz einfache Weise einzufassen, zum Beispiel Sets oder Lätzchen.

1 Den Umschlag auf einer Seite des Schrägstreifens aufklappen und den Streifen der Kante entlang rechts auf rechts auf den Stoff stecken. Das abgeschnittene Ende des Streifens umschlagen und den Anfangspunkt etwa 12 mm überlappen. Entlang der Saumkante feststeppen.

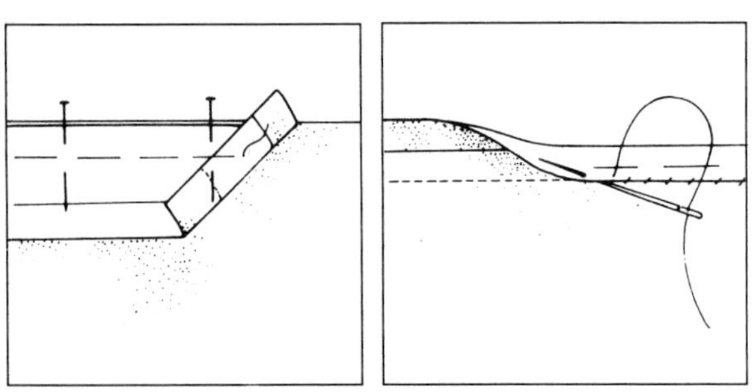

2 Schrägstreifen über die Stoffkante auf die linke Seite des Stoffs umschlagen, heften und den Saum ordentlich mit der Maschine steppen.

Gepaspelte Säume

Ein Saum mit kontrastfarbener Paspel sieht besonders hübsch aus und paßt gut zu Kissen.

Sie können die Paspelschnur entweder mit Schrägstreifen aus passendem Stoff einfassen oder fertige Paspeln verwenden, die es in vielen Breiten und Farben zu kaufen gibt.

1 Stecken und heften Sie die Paspel der Saumkante folgend auf die rechte Seite des Stoffs. An Ecken und Rundungen schneiden Sie den Saum ein.

2 Legen Sie das zweite Stoffstück rechts auf rechts darauf, so daß die Paspel dazwischenliegt. Heften und nähen Sie die Teile von Hand zusammen. Wenn Sie mit der Maschine nähen, verwenden Sie einen Reißverschluß-Fuß. Nähen Sie möglichst nahe an der Paspelschnur entlang, so daß die erste Stepplinie verdeckt wird.

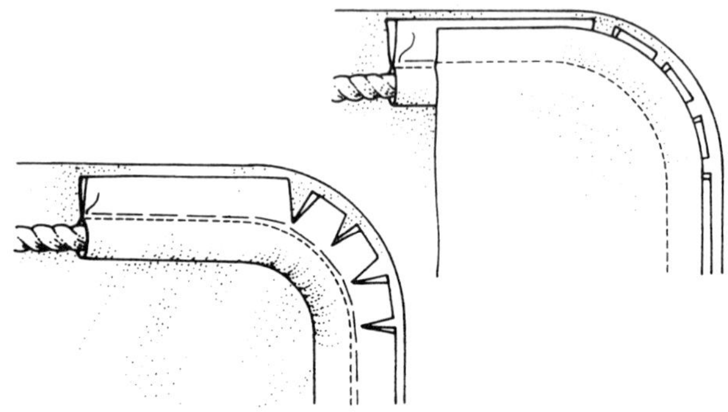

3 Um zwei Paspel-Stücke zu verbinden, lassen Sie zunächst beide Enden etwa 2,5 cm überlappen. Trennen Sie den Schrägstreifen ein Stück weit auf, um die Schnur freizulegen. Nähen Sie nun die Enden des Schrägstreifens zusammen (siehe Abbildung). Bügeln Sie die Naht flach auseinander. Dröseln Sie die Schnurenden auf und verbinden Sie sie miteinander (siehe Abbildung). Legen Sie den Schrägstreifen darüber zusammen und heften Sie weiter am Rand entlang.

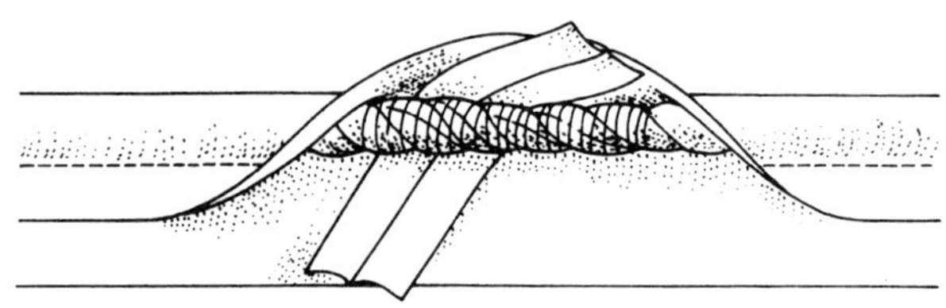

Stickereien aufziehen

Schneiden Sie ein Stück starken Karton in Größe der fertigen Stickerei mit einer Rundumzugabe von 6 mm für den Falz im Bilderrahmen zu.

Leichte Stoffe

1 Breiten Sie die Stickerei mit der Rückseite nach oben aus und legen Sie den Karton auf die Mitte ausgerichtet so auf, daß Heftfaden und Bleistiftlinien übereinstimmen. Die Ecken nacheinander diagonal einschlagen und mit Klebeband fixieren.

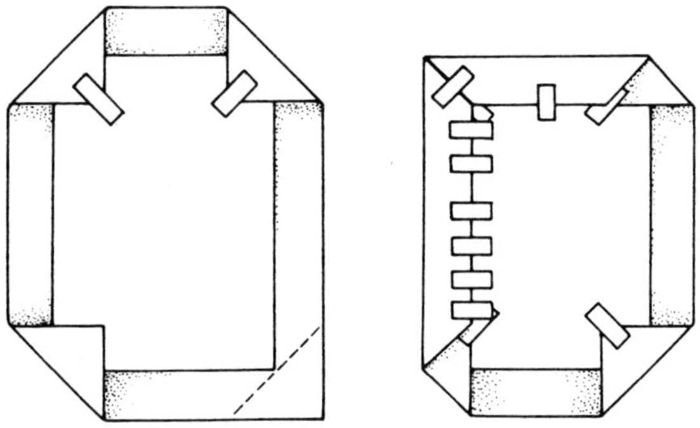

2 Schlagen Sie nun mit einer Seite beginnend den Stoff ein und fixieren Sie ihn in Abständen von ca. 2,5 cm mit Klebeband (siehe Abbildung). Auch die Ecken mit Klebeband fest zusammenhalten, so daß der Stoff straff und faltenlos gespannt ist.

Schwerere Stoffe

Breiten Sie die Stickerei mit der Rückseite nach oben aus und legen Sie den Karton mittig darauf. Den Stoff an zwei gegenüberliegenden Seiten umschlagen, die Ecken ab-

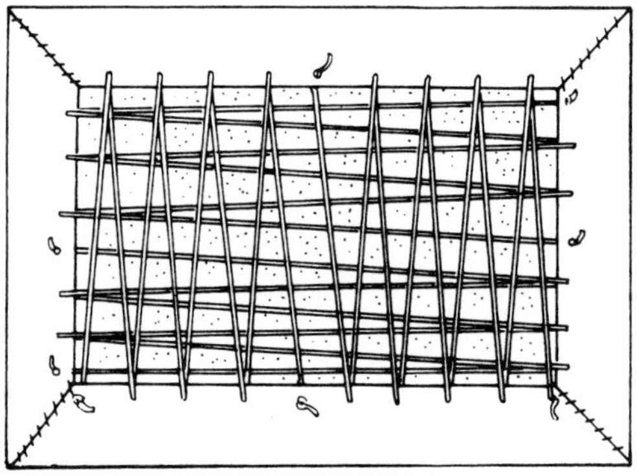

schrägen und die Stoffkanten mit robustem Faden im Zickzackverband zusammenhalten (siehe Abbildung). Mit den beiden anderen Seiten ebenso verfahren. Abschließend den Stoff über dem Karton nochmals straffziehen und die abgeschrägten Ecken mit überwendlichen Stichen zusammennähen.

Kreuzstich

Für sämtliche Kreuzsticharbeiten werden die folgenden beiden Methoden angewandt. In beiden Fällen entstehen auf der Rückseite des Stoffes gleichmäßige Reihen von senkrechten Stichen.
Beim Besticken großer Flächen arbeitet man in horizontalen Reihen. Sticken Sie zunächst – links oben beginnend – die erste Reihe gleichmäßig voneinander entfernter, diagonaler Stiche über die in der jeweiligen Anleitung angegebene Zahl von Gewebefäden. Dabei führt der Grundstich immer von links unten nach rechts oben. Anschließend wird diese Stichfolge – nun von rechts nach links arbeitend – in der Rückreihe wiederholt. Die Deckstiche führen stets von rechts unten nach links oben. Fahren Sie mit der Arbeit in dieser Weise fort und achten Sie darauf, daß sich alle Stiche in derselben Richtung kreuzen.

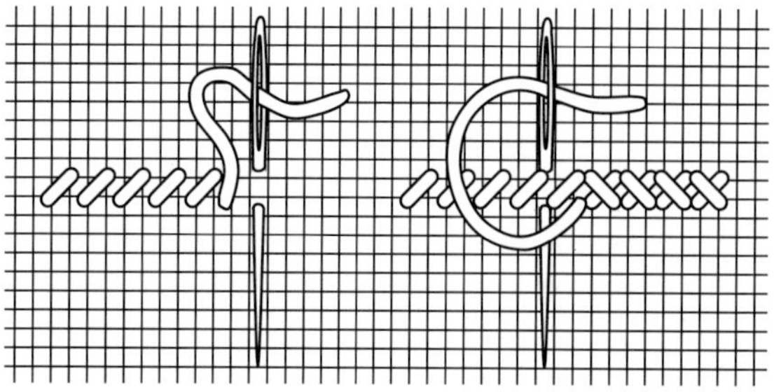

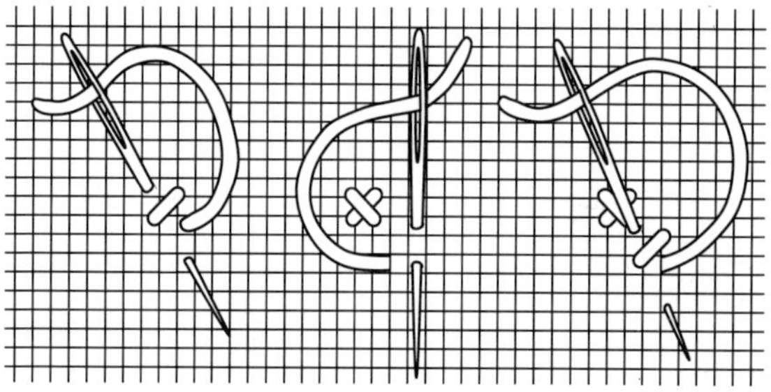

Bei diagonal verlaufenden Reihen arbeiten Sie von oben nach unten und stellen jeden Kreuzstich einzeln fertig, ehe Sie den nächsten sticken. Beginnen Sie jede Stickarbeit in der Mitte und arbeiten Sie von innen nach außen. Damit stellen Sie sicher, daß das Motiv in der Mitte des Stoffes sitzt.

Rückstich

Mit dem Rückstich werden Trennlinien, Konturen oder Schatten herausgearbeitet. Er läuft über dieselbe Anzahl von Gewebefäden wie der Kreuzstich und bildet eine durchgehende, gerade oder diagonal verlaufende Linie. Machen Sie den ersten Stich von links nach rechts; führen Sie die Nadel an der Stoffunterseite nach vorn und dann eine Stichlänge links vom vorangehenden Stich wieder an die Stoffoberseite. Die Stichfolge entlang der vorgegebenen Linie fortsetzen.

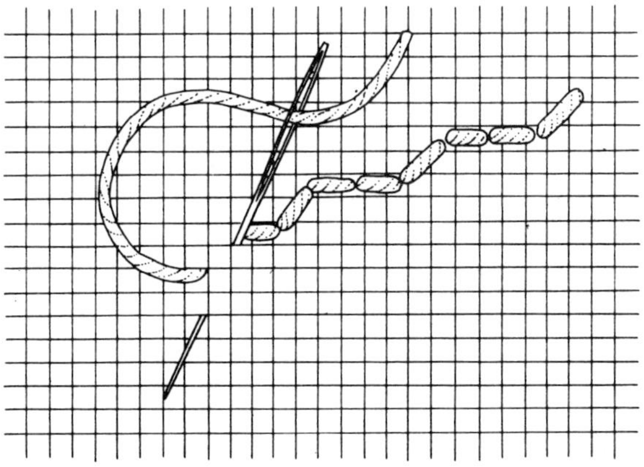

Geburtstags-grüße

Motiv dieser drei reizenden gestickten Grußkarten sind naturalistisch wirkende Blumen und Früchte auf kontrastfarbenem Untergrund. Freunde und Verwandte freuen sich gewiß darüber, und nach dem Fest sollte man kleine Kostbarkeiten wie diese rahmen und als Miniaturen an die Wand hängen.

Geburtstagsgrüße

Material

Für drei Geburtstagskarten 20 cm x 14 cm, mit ovalem Passepartout-Ausschnitt 14 cm x 9,5 cm:

Motiv „Rose":

23 cm x 18 cm blaßblaues Schülertuch Linda,
ca. 107 Fäden/10 cm
Sticknadel Nr. 26

Motiv „Blumenkorb":

23 cm x 18 cm gelbes Schülertuch Linda,
ca. 107 Fäden/10 cm
Sticknadel Nr. 26

Motiv „Erdbeeren":

23 cm x 18 cm naturweißes Stickleinen,
ca. 80 Gewebefäden/10 cm
Sticknadel Nr. 18

Für alle Karten:

Sticktwist in den in der Tabelle angeführten Farben
Selbstklebende Passepartout-Karte

Sticken

Bereiten Sie den Anleitungen auf Seite 4 und 5 entsprechend den Stoff vor, markieren Sie die Mittellinien der Motive mit Heftfaden und spannen Sie den Stoff in einen Rundrahmen. Bei allen drei Motiven wird jeder Kreuzstich über zwei Gewebefäden gearbeitet. Sticken Sie die Motive „Blumenkorb" und „Rose" zweifädig mit Sticknadel Nr. 26. Das Motiv „Erdbeeren" wird dreifädig und mit Nadel Nr. 18 gestickt, und zwar zunächst die Stengel und daran anschließend die Beeren und Blätter. Die fertige Stickerei von links dämpfen. Ratsam ist es, die gehefteten Orientierungslinien noch nicht zu entfernen; sie helfen beim Einpassen des Stickbildes in den Passepartout-Ausschnitt.

Fertigstellen

Die selbstklebende Passepartout-Karte aufklappen, das Stickbild so auf die Rückseite des Ausschnittes auflegen, daß es genau in der Mitte sitzt (die Heftfäden dienen dabei als Orientierungshilfe) und die Stickerei auf Größe des Passepartout-Ausschnittes plus rundum 12 mm zurückschneiden. Die Heftfäden herausziehen, den linken Abschnitt der Karte über die Stickerei klappen und fest andrücken.

Rose ▼

I	734	Blaßgelb
↓	972	Gelb
○	605	Blaßrosa
⊡	962	Rosa
●	335	Warmes Rosa
✠	602	Magentarot
◆	966	Grün
△	959	Blaugrün

Rückstiche Stengel: Blaugrün

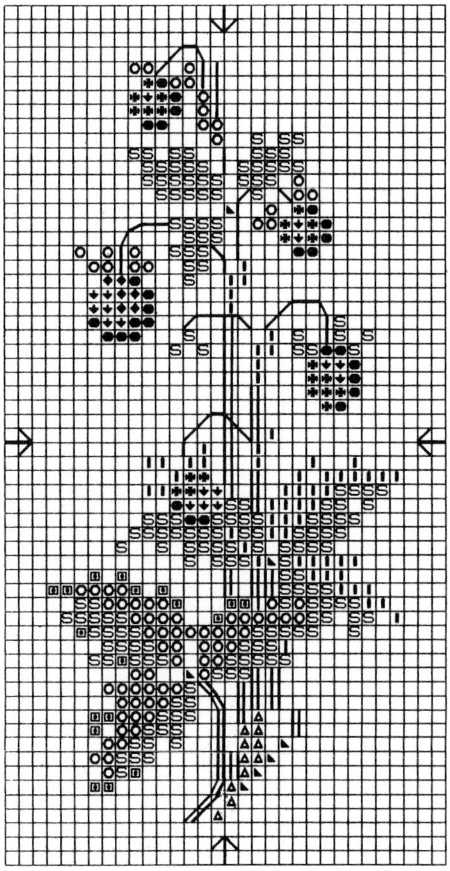

Erdbeeren ◀

- ◆ 776 Blaßrosa
- ↓ 891 Rosa
- ✚ 350 Rot
- ● 817 Dunkelrot
- S 3348 Grün
- I 3347 Saftgrün
- ○ 937 Dunkelgrün (und Rückstiche gebogene Stengel)
- ⊡ 301 Ingwer
- △ 975 Braun
- ◣ 3045 Dunkelbraun

Rückstiche (als Doppellinie) senkrechte Stengel Dunkelbraun

Blumenkorb ▶

- ◺ 741 Gelb
- ◆ 721 Orange
- ⊡ 781 Ingwer
- I 761 Blaßrosa (Rückstiche: 3733)
- ✚ 3733 Rosa
- ● 603 Blasses Magentarot
- △ 351 Warmes Rosa
- ↓ 341 Blau
- S 3348 Blaßgrün
- ○ 3364 Grün
- ↑ 3047 Steingrau, hell
- ◣ 372 Steingrau

Rückstiche, rechte Seite Korbboden: Ingwer, Stengel: Grün; linke Seite Korbboden und Korbrand: Steingrau

Hübsche Nadelkissen

Nadelkissen sind beim Nähen und Sticken unentbehrlich. Diese drei sind rasch angefertigt und bieten Platz für eine Menge Nadeln. Eines der drei Motive ist auf ein fertiges, in einen Holzrahmen montiertes Kissen aufgestickt – ein hübsches Geschenk und ohne Steck- und Nähnadeln für sich allein schon ein originelles Accessoire.
Die beiden anderen Modelle – mit Schleifchen bzw. Kordeln verzierte Miniaturkissen – eignen sich ideal als Beitrag für einen Wohltätigkeitsbasar, beispielsweise einen Weihnachtsmarkt für einen guten Zweck.
Die Zierkordel können Sie fertig kaufen, ebenso gut aber auch aus Sticktwist selbst drehen. Schneiden Sie mehrere lange Fäden ab, verknoten Sie sie an einem Ende miteinander und befestigen Sie sie an einem Türgriff. Nun den Strang der ganzen Länge nach fest zusammendrehen, dann strammziehen, in der Mitte fassen und die beiden Enden zusammenführen. Fertig ist die Kordel!

Hübsche Nadelkissen

Material

Motiv „Zwei Vögel", Ø 11,5 cm:

18cm x 18cm cremefarbener Hardanger-Stoff,
ca. 64 Fäden/10 cm
Sticktwist in den in der Tabelle angeführten Farben
Sticknadel Nr. 24
Vorgefertigtes Nadelkissen im Holzrahmen

Motiv „Rosenkavalier", 13 cm x 13 cm:

2 Stücke cremefarbener Stern-Aida-Stoff,
ca. 54 Stiche/10 cm, je 15 cm x 15 cm
1,10 m blaßrosa Geschenkband
Sticktwist in den in der Tabelle angeführten Farben
Sticknadel Nr. 24
Kapok oder Schafwolle zum Ausstopfen
Passendes Nähgarn

Motiv „Schlafmütze", 13 cm x 13 cm:

2 Stücke grauer Fein-Aida-Stoff,
ca. 70 Stiche/10 cm, je 15 cm x 15 cm
60 cm dünne Kordel in dunklem Türkis
Sticktwist in den in der Tabelle angeführten Farben
Sticknadel Nr. 26
Kapok oder Schafwolle zum Ausstopfen
Passendes Nähgarn

Sticken

Alle drei Nadelkissen werden auf dieselbe Weise gestickt. Den Anleitungen auf Seite 4 und 5 entsprechend den Stoff vorbereiten (für die Motive „Rosenkavalier" und „Schlafmütze" jeweils 1 Stoffquadrat), in einen Rundrahmen spannen und die Motive mit zwei Fäden in der Nadel sticken. Die Stickerei aus dem Rahmen nehmen und von links dämpfen.

Fertigstellen

„Zwei Vögel":

Das Stickbild mit der linken Seite nach oben ausbreiten, den Holzrahmen auflegen und die Kreislinie mit einem weichen Bleistift nachziehen. Anschließend rundum mindestens 12 mm Stoff zugeben und ausschneiden. Entlang der Bleistiftlinie einen Reihfaden einziehen, das Stickbild auf die Mitte ausgerichtet auf das Kissen auflegen und feststecken. Den Reihfaden zusammenziehen, die Fältchen an der Unterkante glätten und den Faden fest vernähen. Das Kissen in den Holzrahmen setzen und mit der mitgelieferten Schraube festziehen.

„Rosenkavalier" und „Schlafmütze":

Stickbild und Stoff für die Unterseite rechts auf rechts legen, feststecken und rundherum mit einer 12 mm breiten Naht zusammensteppen; auf einer Seite einen 8 cm langen Schlitz offenlassen. Die Nadelkissenhülle auf die rechte Seite wenden, ausstopfen und die Öffnung mit Hohlstichen schließen.
Für den „Rosenkavalier" das Band in vier gleich lange Stücke schneiden, jeweils einen Streifen zweimal um einen Kissenzipfel schlingen, festziehen und ein Schleifchen binden. An dem Nadelkissen „Schlafmütze" die Kordel mit Hohlstichen entlang der Kante festnähen und dabei – wie auf der Abbildung zu sehen – an jeder Ecke eine kleine Schlinge legen.

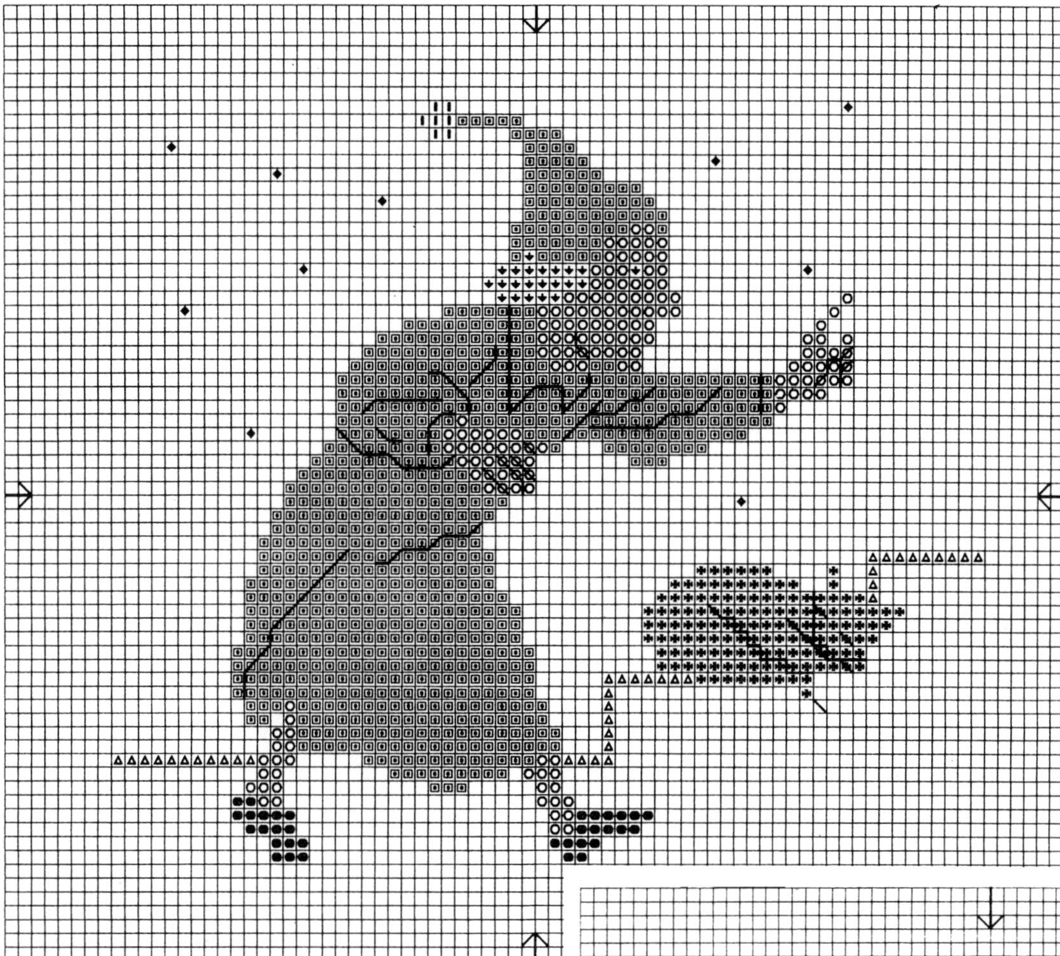

Zwei Vögel ▼

- ◺ Weiß
- ◣ 444 Gelb
- △ 3733 Rosa
- ⊡ 893 Dunkelrosa
- ○ 3761 Blaßrosa
- ✚ 334 Blau (Rückstiche Vogelkrallen, Kopf und Körper des kleinen Vogels)
- ● 322 Dunkelblau (Rückstiche Auge des großen und Flügel des kleinen Vogels)
- S 471 Grün (Rückstiche Baum und Boden)
- ↓ 912 Blaugrün
- I 3756 Blaßgrau

Schlafmütze ▲

- ◆ 444 Gelb
- ↓ 680 Ocker
- ○ 948 Fleischfarben
- ● 899 Rosa
- ⊡ 3761 Blaßblau
- I 807 Blau
- △ 644 Steingrau
- ✚ 413 Dunkelgrau

Rückstiche: Blau plus 2 zusätzliche Farben

Rosenkavalier ◀

- ↑ Weiß (Steppstiche, Kragen und Pumphosen: Grün; Knabenhemd: Blau)
- I 834 Strohgelb
- S 948 Fleischfarben
- ◣ 605 Blaßrosa
- ⊡ 3731 Rosa
- ● 602 Dunkel Rosa
- ✚ 892 Rot
- ○ 3766 Hellblau
- △ 799 Blau
- ◺ 3348 Leuchtendgrün
- ◆ 471 Grün
- ↓ 3011 Braun

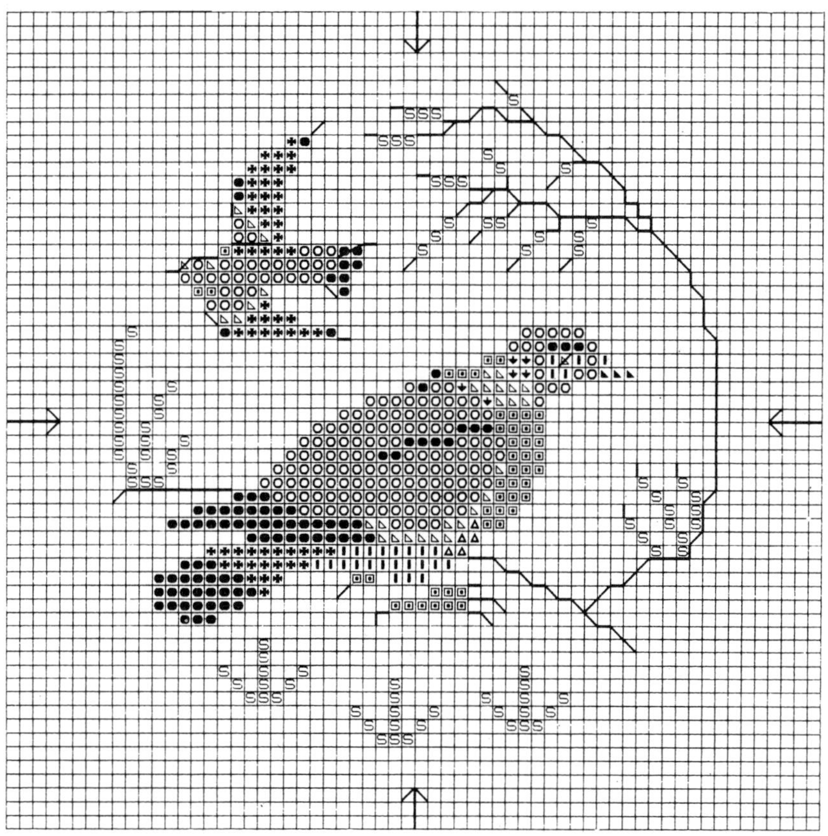

Marmeladen-glasdeckchen

Diese hübschen, spitzenbesetzten Deckchen aus waschbarer Baumwolle sind rasch und leicht zu sticken – ein origineller Schmuck für Marmeladen- oder Gurkengläser und ähnliche Behältnisse.
Ist Ihr Rundrahmen für die Deckchen zu groß, dann spannen Sie einfach einen Stoffrest ein, legen das Deckchen darauf und nähen es entlang der Innenkante fest. Anschließend den unter der Stickfläche befindlichen Stoff vorsichtig und ohne das Deckchen zu beschädigen ausschneiden.

Marmeladenglas-deckchen

Material

Für 3 spitzenbesetzte Marmeladenglasdeckchen, Ø 18 cm, mit einem Innendurchmesser von 6,5 cm:

3 spitzenbesetzte Marmeladenglasdeckchen mit cremefarbenem Stickgrund, ca. 70 Stiche/10 cm
(Sie können die Deckchen aus Fein-Aida-Stoff und Spitze auch leicht selbst nähen.)
2,10 m leuchtend rosafarbenes Satinband, 6 mm breit
Sticktwist in den in der Tabelle angeführten Farben
Sticknadel Nr. 26
Sicherheitsnadel zum Einziehen des Bandes

Sticken

Diese reizenden Motive eignen sich für die ersten Kreuzstichversuche eines Kindes, und damit es sich leichter tut, sind die Zählmuster in einem größeren Raster gedruckt.
Alle drei Deckchen werden auf dieselbe Weise gestickt. Spannen Sie den Stickgrund auf Mitte ausgerichtet in einen Rundrahmen von 10 cm Durchmesser (siehe Seite 4 und 5) und markieren Sie die Mittellinien mit Heftstichen. Sticken Sie jedes Motiv nach dem Zählmuster und nehmen Sie für die Kreuzstiche zwei Fäden in die Nadel. Die Rückstiche auf dem Körper der Maus, die der Zweige auf dem Vogelbild und von Haar und Schwanz der Wurst werden einfädig gestickt.
Die Heftfäden herausziehen und die Stickerei von links dämpfen.
Das Band in drei gleich lange Stücke schneiden, und jeweils eines mit der Sicherheitsnadel durch die Löcher in der Spitze ziehen.

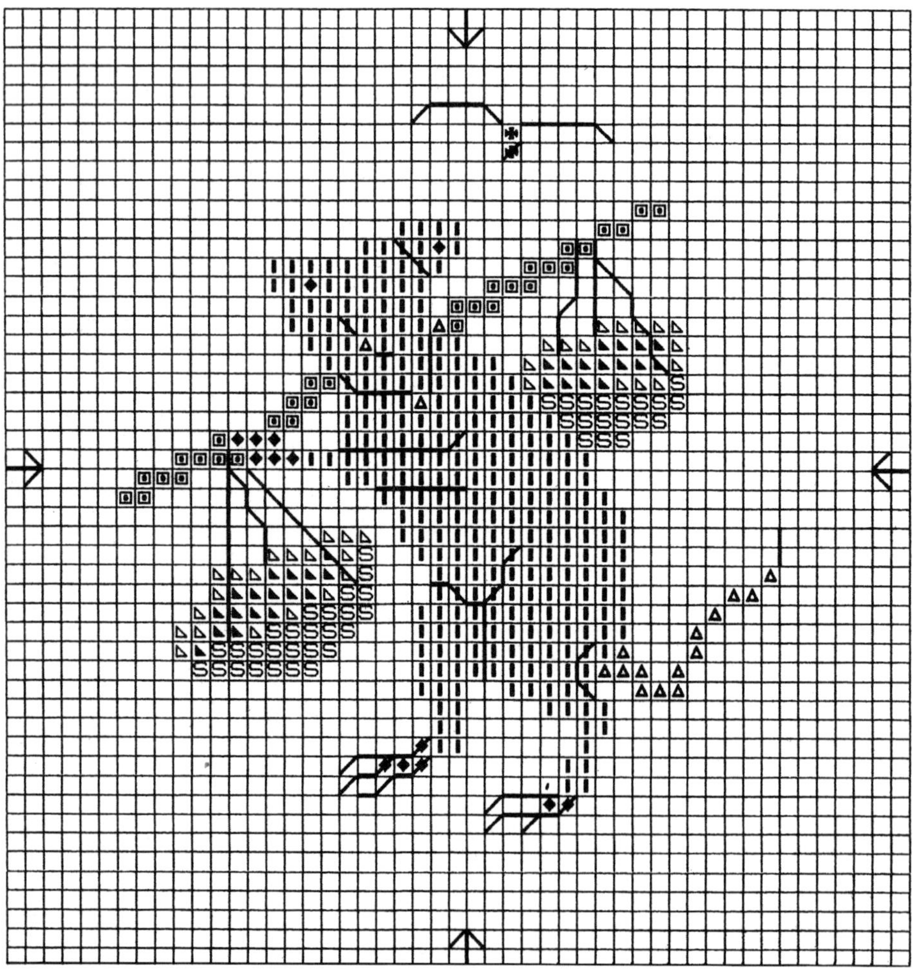

Maus ◄

◺	834	Gelb
S	680	Ocker
◆	224	Rosa
⊡	3772	Ziegelrot
◣	800	Blaßblau
I	415	Grau
△	317	Dunkelgrau

Rückstiche: Dunkelgrau

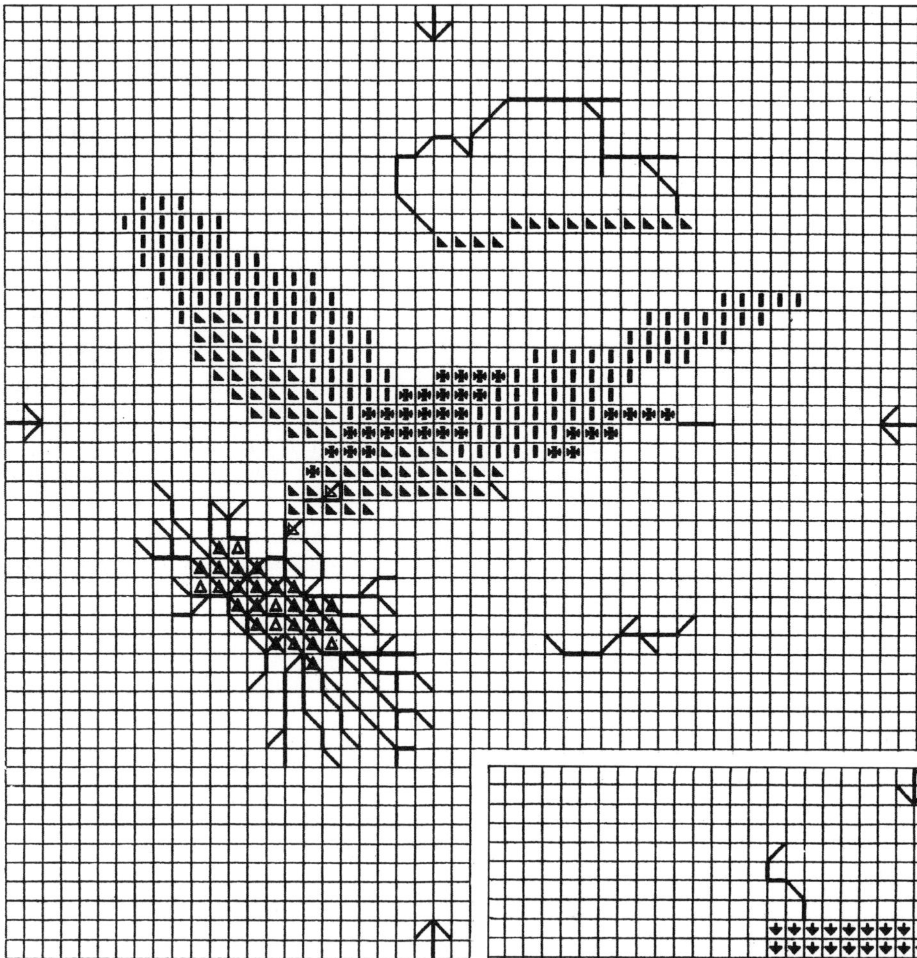

Vogel ◀

◺	834	Gelb
◣	800	Blaßblau
✚	826	Blau
	3772	Ziegelrot
I	415	Grau
△	317	Dunkelgrau

Rückstiche: Dunkelgrau
Rückstiche, Wolke: Blaßblau; Vogel: Blau; Zweige: Dunkelgrau plus 1 zusätzliche Farbe

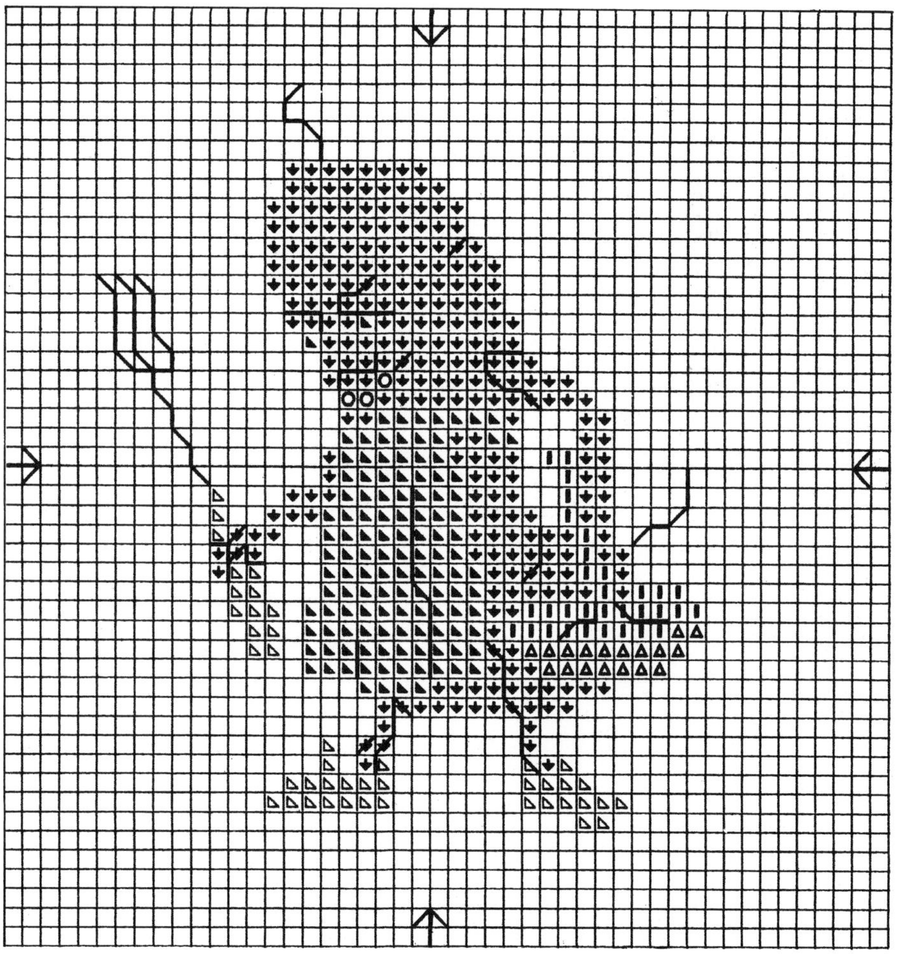

Wurst ▶

◺	834	Gelb
↓	224	Rosa
○	3328	Rot
◣	800	Blaßblau
I	415	Blaßrau
△	317	Dunkelgrau

Rückstiche: Blau, Dunkelgrau plus 1 zusätzliche Farbe

Getränketablett

Mit einem Motiv von heiterer Unbeschwertheit bestickt, ist dieses reizende, ovale Getränketablett gewiß ein nicht alltägliches Geschenk auf dem Weihnachts- oder Geburtstagstisch oder dem Gabentisch eines jungen Brautpaares. Ist Ihnen das hübsche Stickbild zu schade, um von Gläsern oder Tassen verdeckt zu werden, könnten Sie es auch in einen ovalen Bilderrahmen setzen und als Hintergrund eventuell einen farbigen Stickgrund wählen.

Fröhliches Spiel ▲

◒	Weiß	● 3350	Dunkelrosa	⊡ 831	Braun
÷ 832	Gold	= 598	Blau	I 926	Graublau
↑ 225	Fleischfarben	◆ 733	Olivgrün	◣ 924	Graublau, dunkel
✚ 3354	Rosa	↓ 731	Olivgrün, dunkel	○ 3024	Hellgrau
		S 422	Lederfarben	△ 535	Dunkelgrau

Getränketablett

Material

Für ein Tablett 33 cm x 20,5 cm, mit ovalem Ausschnitt 28,5 cm x 16 cm:

40 cm x 30 cm cremefarbener Stern-Aida-Stoff,
ca. 54 Gewebefäden/10 cm
Sticktwist in den in der Tabelle angeführten Farben
Sticknadel Nr. 24
33 cm x 20,5 cm dünne Vlieseline zum Aufbügeln
Ovales Holztablett

Sticken

Den Anleitungen auf Seite 5 entsprechend den Stoff vorbereiten und in einen Stickrahmen spannen. Anschließend das Motiv nach dem Zählmuster und mit zwei Fäden in der Nadel sticken. Die Stickerei aus dem Rahmen nehmen und – falls erforderlich – von links dämpfen. Die Heftfäden vorerst noch nicht herausziehen.

Fertigstellen

Mit einem weichen Bleistift auf dem Montagekarton, der dem Tablett beiliegt, die Mittellinien markieren.
Das Stickbild mit der rechten Seite nach unten auf einer sauberen Unterlage ausbreiten, den Karton so darauf legen, daß Bleistift- und Heftlinien übereinstimmen und mit dem Bleistift die Umrißlinie nachziehen. Die Heftfäden herausziehen, die Stickerei sorgfältig ausschneiden und die Vlieseline auf die Rückseite aufbügeln. Sie können aber auch den Stoff mit einer Rundumzugabe von 4 cm ausschneiden und im Abstand von 12 mm zur Bleistiftlinie einen Reihfaden einziehen. Den Karton auflegen, den Stoff gleichmäßig zusammenziehen und die Kanten auf der Rückseite entweder in beiden Richtungen im Zickzackverband schnüren oder mit Klebeband fixieren.
Den Hinweisen des Herstellers folgend das Tablett montieren.

Originelle Lesezeichen

Leseratten werden an diesen Buchzeichen Gefallen finden. Alle Motive sind mit Spitze oder Bogenkanten eingefaßt und mit Bändchen, Stickereirosetten oder einer kleinen Baumwollquaste verziert.

Rasch und einfach anzufertigen, ist ein solches Lesezeichen eine liebenswertes kleines Mitbringsel für einen Kranken und gewiß eine willkommene Abwechslung für die üblichen Blumen oder Früchte.

Die beiden Motive mit den kleinen Mädchen sind auf vorgefertigte Lesezeichen gestickt, das Lesezeichen mit den beiden Elstern auf ein Stickband mit Bogenkante und von Hand fertiggestellt.

Buchzeichen werden zwangsläufig stark beansprucht und wirken bald abgegriffen; ratsam wäre es deshalb, die Stickerei mit einem handelsüblichen schmutzabweisenden Mittel einzusprühen.

FLORA WHITE

Originelle Lesezeichen

Material

Lesezeichen „Lieschens Kanarienvogel" und „Mädchen mit Schutenhut", Länge ca. 25 cm:

je 1 vorgefertigtes Lesezeichen mit Spitzenbesatz, cremefarben, ca. 70 Stiche/10 cm, Breite 5 cm
Sticktwist in den in der Tabelle angeführten Farben
Sticknadel Nr. 26

Lesezeichen „Elstern":

23 cm weißes Stickband, Breite 5 cm, ca. 60 Stiche/10 cm
Sticktwist in den in der Tabelle angeführten Farben
Sticknadel Nr. 24
Passendes Nähgarn

Sticken

Den Anleitungen auf Seite 5 entsprechend Lesezeichen und Stickband „anstückeln", die Mittellinien der Motive mit Heftstichen markieren und den Stoff in einen kleinen Rundrahmen spannen. Sticken Sie alle drei Lesezeichen mit zwei Fäden in der Nadel.
Die Heftfäden herausziehen und – falls erforderlich – die Stickarbeit von links dämpfen.

Fertigstellen

Lesezeichen „Elstern":
Nähen Sie am oberen Rand ein passendes Stück Bogenkante als Saum an.
Für die Spitze am unteren Ende das Stickband der Länge nach rechts auf rechts falten und die unteren Schmalkanten mit Steppstichen zusammennähen. Die Ecke zurückschneiden, die Naht auseinanderbügeln und das bestickte Band auf die rechte Seite drehen. Das Lesezeichen glattstreichen und die so entstandene Spitze von links bügeln und mit Hohlstichen fixieren. Für die Quaste gewöhnliches weißes Heftgarn um ein etwa 3 cm breites Stück Karton wickeln. Das Fadenende in eine Nadel fädeln, den Fadenstrang vom Pappdeckel schieben und den losen Faden dicht am oberen Ende mehrmals fest um den Strang wickeln. Die Nadel durch die Wicklung hindurch nach oben durch das Quasten-„Köpfchen" stechen, die Quaste an der Lesezeichenspitze festnähen und den Fadenstrang am unteren Ende aufschneiden.

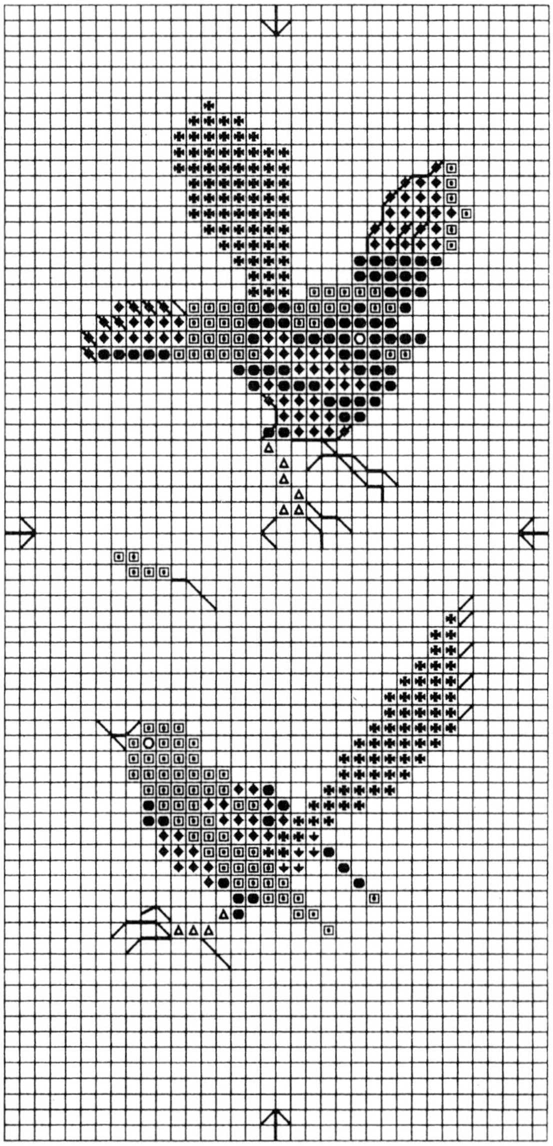

Elstern ▶

◆ Weiß	● 823 Dunkelblau
○ 472 Gold	△ 3052 Olivgrün
⊡ 312 Blau	↓ 937 Grün
	✚ 904 Dunkelgrün

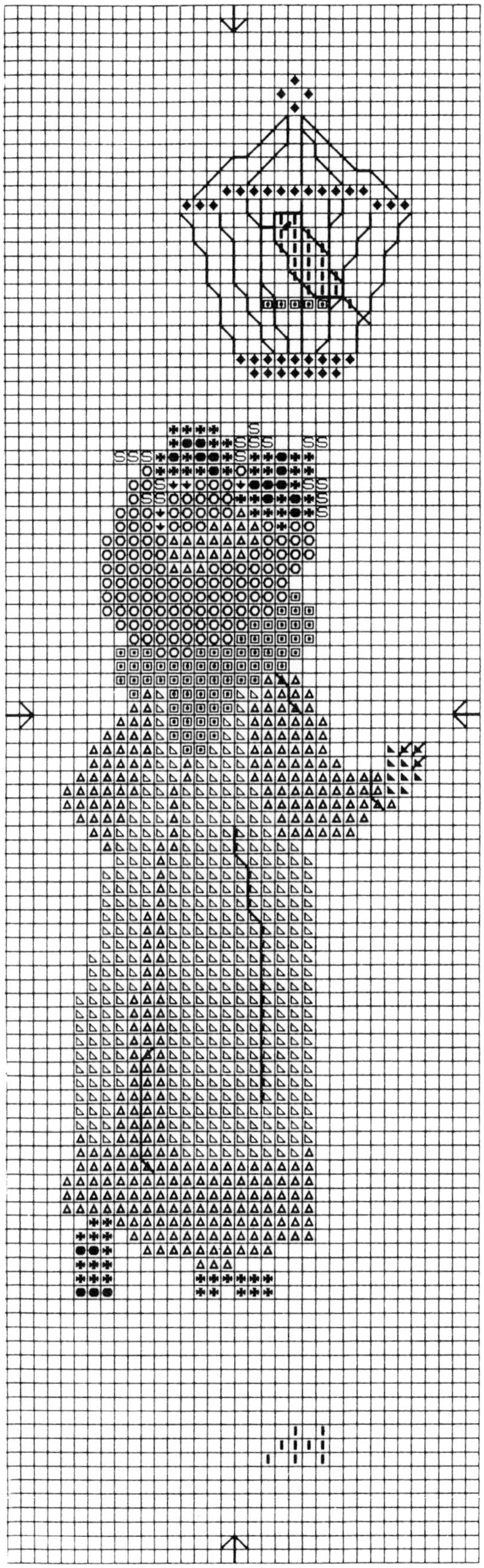

Lieschens Kanarienvogel ◀

◣	948	Fleischfarben	●	335	Dunkelrosa
I	445	Blaßgelb	△	794	Blau
◺	727	Gelb	S	913	Grün
↓	783	Orange	◆	988	Dunkelgrün
○	833	Ocker	⊡	3011	Dunkelbraun
✚	3326	Rosa			

Rückstiche: Rosa, Ocker, Dunkelgrün

Mädchen mit Schutenhut ▶

◣		Weiß
I	948	Fleischfarben
✚	968	Rosa
○	3766	Meergrün
●	931	Blaugrün, dunkel
◆	738	Strohgelb
↓	435	Braun
△	612	Gelbbraun
⊡	611	Dunkelbraun

Rückstiche: Meergrün, Blaugrün, dunkel plus 1 zusätzliche Farbe

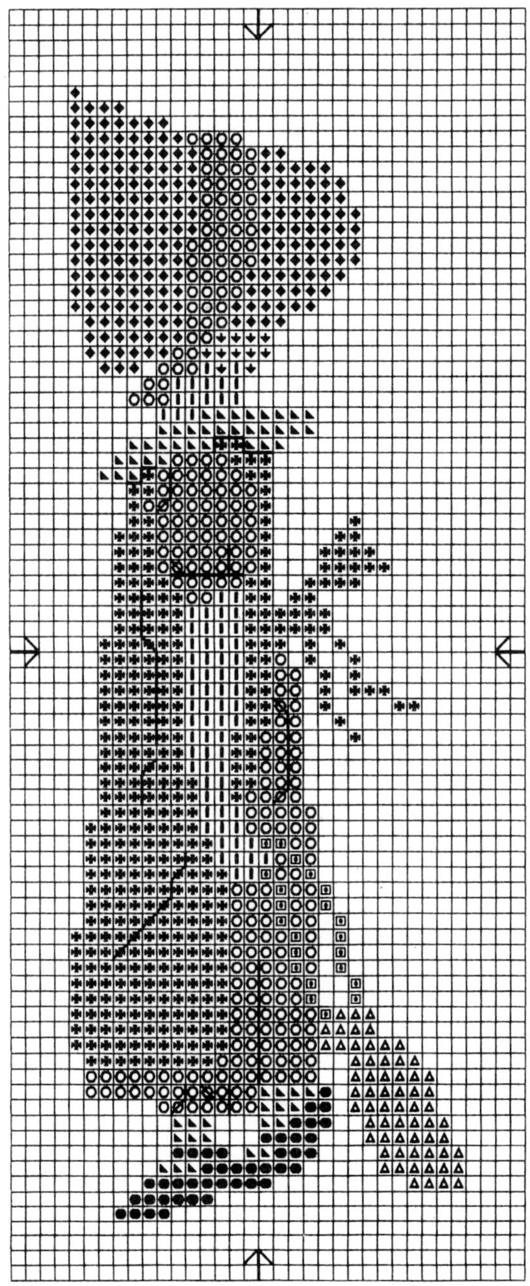

Zierkissen

Ein hübsches, für einen besonderen Anlaß besticktes Kissen ist immer ein willkommenes Geschenk. Die beiden Motive „Hochzeitsglocken" und „Valentinsherz" sind mit Bändern bzw. einer Goldfadenbordüre eingerahmt, und alle drei Kissenhüllen sind rundum mit Spitzenrüschen besetzt.

Zierkissen

Material

Kissen zum Hochzeitstag, 25 cm x 25 cm (mit Spitzenbesatz):

2 Stücke weißer Davosa-Stoff, ca. 70 Fäden/10 cm, je 25 cm x 25 cm
Sticktwist in den in der Tabelle angeführten Farben
1,40 m weiße Spitzenborte, 2,5 cm breit
Goldfaden für die Umrandung
Sticknadel Nr. 26
Passendes Nähgarn
1 Kissen 23 cm x 23 cm

Weihnachtskissen, 25 cm x 25 cm (mit Spitzenbesatz):

2 Stücke khakifarbener Stern-Aida-Stoff, ca. 64 Stiche/10 cm, je 25 cm x 25 cm
Sticktwist in den in der Tabelle angeführten Farben
1,40 m Spitzenborte in dunklem Creme, 2 cm breit
Sticknadel Nr. 24
Passendes Nähgarn
1 Kissen 23 cm x 23 cm

Kissen zum Valentinstag, 25 cm x 25 cm (mit Spitzenbesatz):

2 Stücke weißes Stickleinen, ca. 84 Fäden/10 cm, je 23 cm x 23 cm
Sticktwist in den in der Tabelle angeführten Farben
1,40 m weiße Spitzenborte, 4 cm breit
1,80 m rosafarbenes Geschenkband
Sticknadel Nr. 26
Passendes Nähgarn
1 Kissen 20 cm x 20 cm

Kissen zum Hochzeitstag:

Sticken

Auf einem der beiden Stoffquadrate die Mittellinien mit Heftstichen markieren und den Stoff in einen Rundrahmen spannen (siehe Seite 4). Arbeiten Sie nach dem Zählmuster, nehmen Sie zwei Fäden in die Nadel und füllen Sie zuerst die Felder aus, die mit Goldfaden gestickt werden. Bei diesem Material tut man besser daran, jeden Kreuzstich einzeln fertigzustellen, damit die Fäden nicht verrutschen. Abschließend die Konturen der unteren Glockenränder mit Silberfaden und Steppstichen herausarbeiten. Die Stickerei aus dem Rahmen nehmen und von links dämpfen.
Die Goldfaden-Doppellinien der Vorlage entsprechend und mit zwei Fäden in der Nadel in Wechselstichtechnik sticken; das heißt, abwechselnd einen Gewebefaden aufnehmen und fünf Gewebefäden liegenlassen. Achten Sie darauf, daß die Stiche in allen Reihen parallel nebeneinander laufen.

Fertigstellen

Den bestickten Stoff auf 21,5 cm x 21,5 cm zurechtschneiden.
Die Schmalseiten der Spitzenborte mit einer schmalen französischen Naht zusammenfügen und an der geraden Kante der Borte eine Kräuselnaht machen. Den Reihfaden auf die passende Länge zusammenziehen und die gerüschte Borte rechts auf rechts so auf die Stickerei auflegen, daß die gerade Kante knapp innerhalb der Nahtzugabe liegt. Die Rüschen gleichmäßig verteilen – an den Ecken etwas fülliger, die Spitzenborte aufheften und ansteppen.
Kissenoberseite und Unterstoff rechts auf rechts legen, den Unterstoff auf die passende Größe zurechtschneiden und dann beide Teile heften und zusammensteppen; in der Mitte einer Seite einen 13 cm langen Schlitz offenlassen. Die Heftfäden herausziehen, die Ecken zurückschneiden und die Kissenhülle auf die rechte Seite drehen. Das Kissen hineinstopfen und den Schlitz mit Hohlstichen schließen.

Hochzeitstag ▶

◆	762	Rohweiß
↑	3047	Blaßgelb
○	676	Gelb
◺	725	Sattgelb
I		Goldfaden
●	3352	Rosa
S	747	Blaßblau
◣	504	Blaßgrau
⊡	415	Grau
↓	928	Grüngrau, blaß
✚	927	Grüngrau
△		Silberfaden

Rückstiche, Glocken: Silberfaden; Grau; Grüngrau

Kissen zum Valentinstag:

Sticken

Den Stoff vorbereiten und in einen Rundrahmen spannen. Arbeiten Sie mit zwei Fäden in der Nadel nach dem Zählmuster und sticken Sie jeden Kreuzstich über zwei Gewebefäden. Die fertige Stickerei von links dämpfen. Das Geschenkband in je vier 27,5 cm und 17,5 cm lange Stücke schneiden und im Abstand von sechs Gewebefäden zur gestickten Umrandung auf allen vier Seiten einen Gewebefaden herausziehen.
Nun der Stickvorlage entsprechend ein 17,5 cm langes Stück Band vom Schnittpunkt zweier Fadenlinien aus Richtung Außenkante so durchziehen, daß jeweils vier Gewebefäden über und sechs Gewebefäden unter dem Band liegen; für die Schleife das Bandende am Schnittpunkt überstehen lassen.
Nun ein 27,5 cm langes Stück Band von der gegenüberliegenden Stoffkante aus bis zum selben Schnittpunkt durchziehen. Mit den übrigen Bändern und Sei-

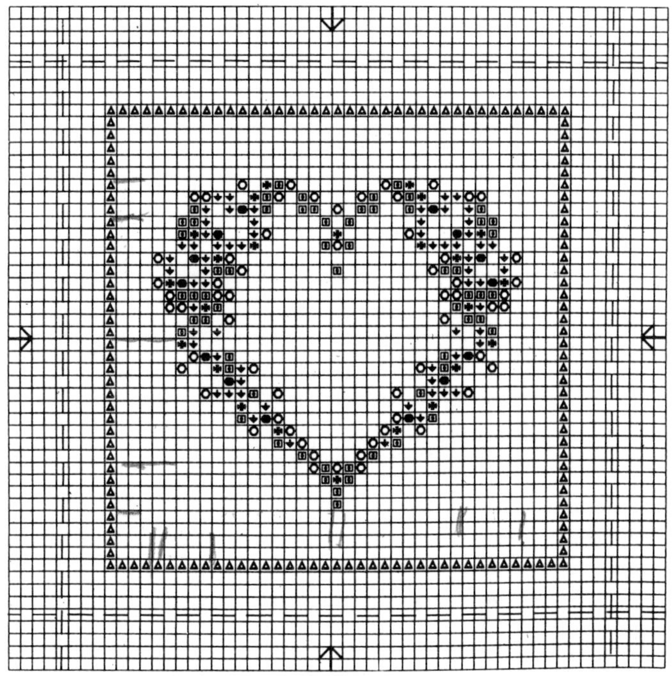

——— Faden zum Einziehen des Bandes herausziehen

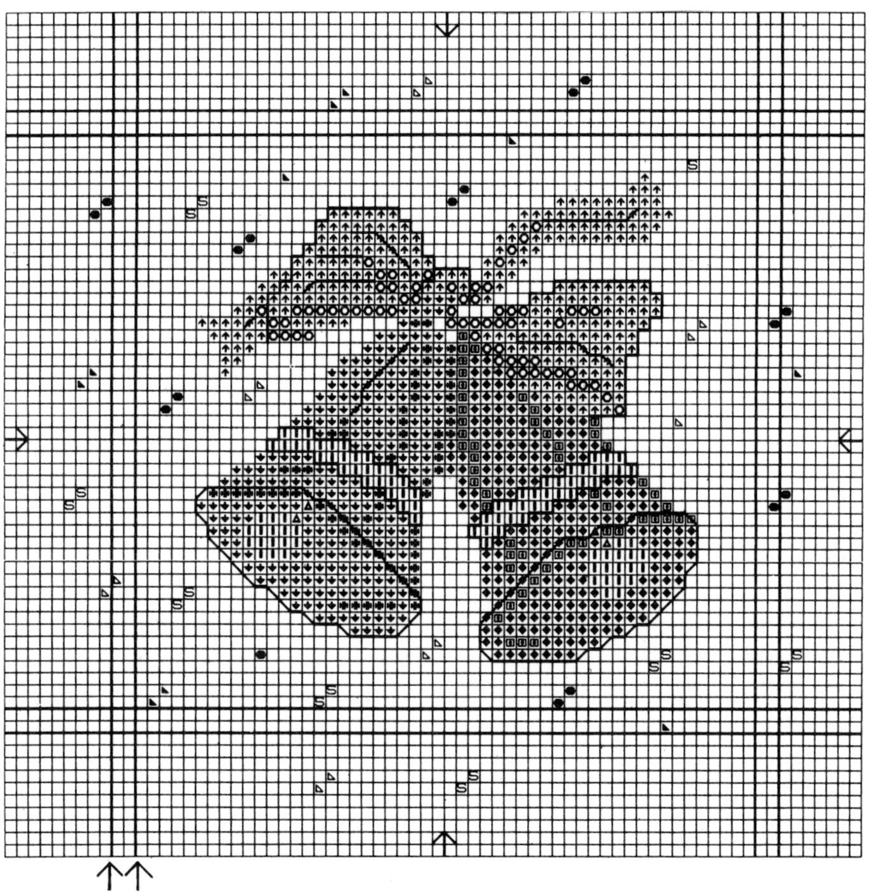

Entlang diesen Linien wird der Goldfaden eingestickt

Valentinstag ▲

✚ (Pfeil)	962	Rosa
●	601	Rot
○	704	Leuchtendgrün
△	733	Olivgrün
⊡	732	Olivgrün, dunkel
✚	520	Dunkelgrün

ten ebenso verfahren. Die äußeren Bandenden beim Zusammensteppen von Kissenober- und -unterseite mitfassen, und die Bandenden an den Schnittpunkten zu Schleifen binden.

Fertigstellen

Stickerei und Unterstoff auf 20 cm x 20 cm zurechtschneiden, die Spitzenborte aufsteppen und die Kissenhülle wie das Kissen zum Hochzeitstag fertigstellen.

Weihnachtskissen

Sticken und Fertigstellen

Die Kissenhülle nach dem entsprechenden Zählmuster genauso sticken wie das Kissen zum Hochzeitstag. Allerdings wird in diesem Fall auf Aida-Stoff gearbeitet, und Sie können deshalb die Kreuzstiche, falls Sie dies vorziehen, in Reihen sticken. Die Steppstiche bilden den Abschluß.

Die Stickerei von links dämpfen. Ober- und Unterstoff auf 24 cm x 24 cm zurechtschneiden, die Spitzenborte aufsteppen und die Kissenhülle wie zuvor beschrieben fertigstellen.

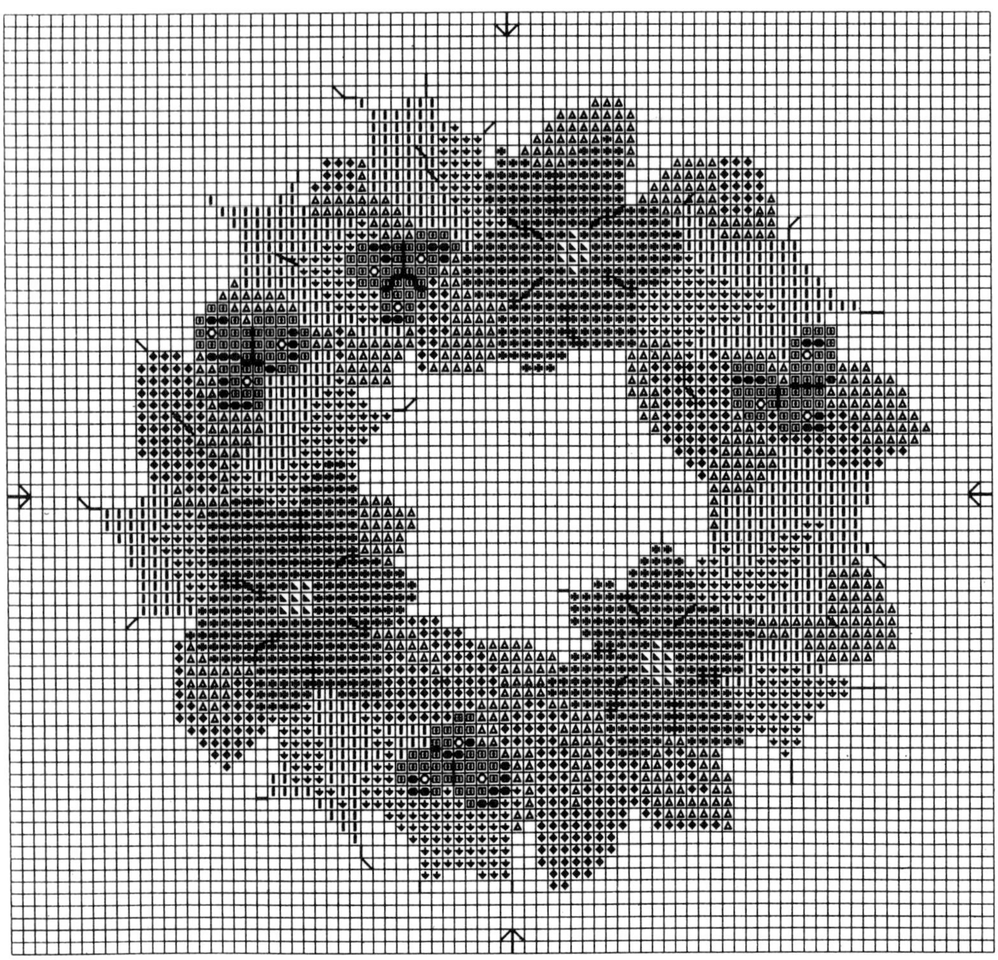

Weihnachts-kissen ◄

◣ 725 Gelb
○ 604 Rosa
⊡ 600 Dunkelrosa
✚ 606 Rot
● 915 Purpur
◆ 772 Gelbgrün
△ 907 Gelbgrün
I 955 Blaßgrün
↓ 912 Blaugrün
Rückstiche Weihnachtsstern: Purpur; Blaugrün

Lavendelsäckchen mit Spitzenborte

Wohlriechende Lavendelsäckchen besitzen eine lange Tradition und werden wohl nie aus der Mode kommen.
Die hier gezeigten Modelle sind zur Aufbewahrung in der Wäscheschublade gedacht, können aber ebenso gut in einen Kleiderschrank gehängt werden. In diesem Fall benötigen Sie lediglich etwas mehr Band als angegeben. Zumeist als Lavendelsäckchen bezeichnet, kann man diese Duftsäckchen aber auch mit anderen wohlriechenden Trockenblüten füllen. Zu dem gestickten Kränzchen aus Rosen und Veilchen beispielsweise würde eine Mischung aus getrockneten Sommerblumen und Rosenblättern besonders gut passen. Und der intensive zitronenartige Duft der Eberraute (Artemisia abrotanum) gilt seit eh und je als Schutz vor Motten.

Lavendelsäckchen mit Spitzenborte

Material

Für ein Säckchen, 23 cm x 15 cm:

50 cm x 20 cm weißer Zählstoff, z.B. Davosa-Baumwollstoff oder Naturleinen, ca. 72 Fäden/10 cm
32,5 cm fertige weiße Spitzenrüsche, 4 cm breit
70 cm doppelseitiges weißes Satinband, 1 cm breit
Sticktwist in den in der Tabelle angeführten Farben
Sticknadel Nr. 26
Passendes Nähgarn
Getrocknete Lavendelblüten oder andere wohlriechende Trockenblumen (das Säckchen wird nur zur Hälfte gefüllt)

Sticken

Zur Übertragung der Orientierungslinien für die Stickerei den Stoff der Breite nach falten und die Umbruchlinie mit einer Stecknadel kennzeichnen. Im Abstand von 8 cm zum Stoffbruch eine Querlinie und außerdem die senkrechte Mittellinie heften.
Den Stoff in einen Stickrahmen spannen und das Motiv nach dem Zählmuster und mit zwei Fäden in der Nadel sticken. Bei der Arbeit mit mehreren Farben können Sie zur Zeitersparnis mit zwei, drei oder mehr Nadeln arbeiten und jene, die gerade nicht gebraucht werden, an den Rand stecken.
Die Heftfäden herausziehen und die fertige Stickerei aus dem Rahmen nehmen und von links dämpfen.

Fertigstellen

Den Stoff der Breite nach rechts auf rechts falten; die Längsseiten heften und mit einer 2,5 cm breiten Naht zusammensteppen. Sind die Kanten ausgefranst, ist es ratsam, die Breite des Säckchens von 15 cm nochmals nachzumessen. Die Nahtzugabe auf 12 mm zurückschneiden und das Säckchen auf die rechte Seite drehen. Die Oberkante 4 cm breit umschlagen und heften. Die Schmalseiten der Spitzenrüsche mit einer schmalen französischen Naht verbinden. Den Spitzenbesatz von innen an die Oberkante des Säckchens stecken, heften und dann von rechts dicht am Rand ansteppen.
Das Säckchen zur Hälfte mit Lavendelblüten füllen, mit dem Satinband zuschnüren und das Band an der Vorderseite zu einer Schleife binden.

Rosen und Veilchen ▶

॥	445	Gelb	↓	792	Veilchenblau
△	3733	Rosa	=	3761	Türkis
✚	603	Magentarot	÷	959	Blaugrün
⊡	817	Dunkelrot	S	943	Dunkelgrün
◆	341	Blaßblau	I	989	Grün
◺	794	Blau	↑	471	Olivgrün
●	798	Tiefblau	○	3051	Olivgrün, dunkel
◣	3609	Blaulila			

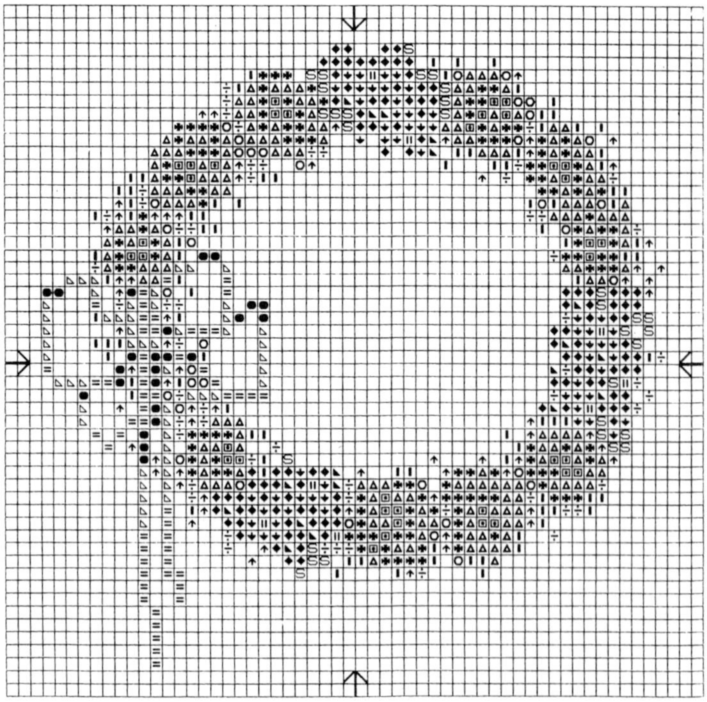

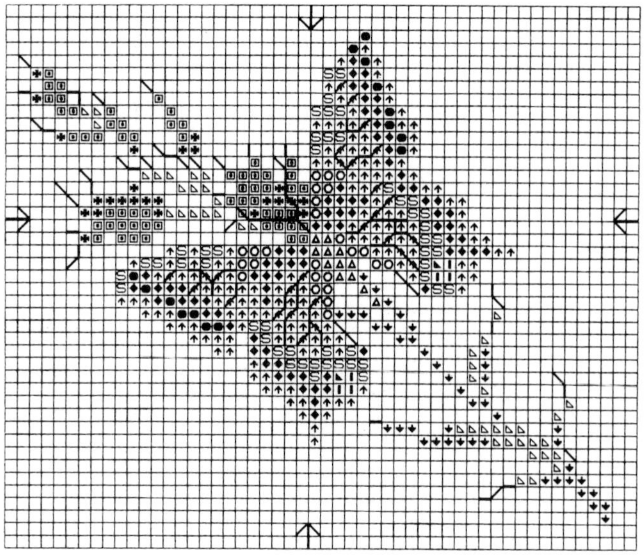

Schmetterling ▲

↑ 445 Gelb
◣ 783 Ocker
I 721 Orange
◆ 734 Khaki
⊡ 602 Rosa
✚ 349 Rot
◺ 989 Grün
↓ 993 Blaugrün
○ 930 Grünblau, dunkel
S 340 Hellblau
● 792 Dunkelblau
△ 824 Marineblau, hell

Kleine Gärtnerin ▲

ıı Weiß
◇ 745 Zitrone, blaß
✕ 445 Blaßgelb
◺ 444 Leuchtendgelb
◆ 783 Sattgelb
↑ 948 Fleischfarben
⊡ 605 Rosa
● 603 Dunkelrosa
✚ 3705 Rot
= 3761 Blaßblau
◓ 3766 Türkis
↓ 930 Schiefergrau
I 794 Blau
S 564 Blaßgrün
△ 958 Blaugrün
÷ 3348 Grün
◣ 702 Dunkelgrün
○ 3053 Khaki
Rückstiche Pumphose, Schmetterlingskörper, Muscheln: Schiefergrau; Kragen: Blau

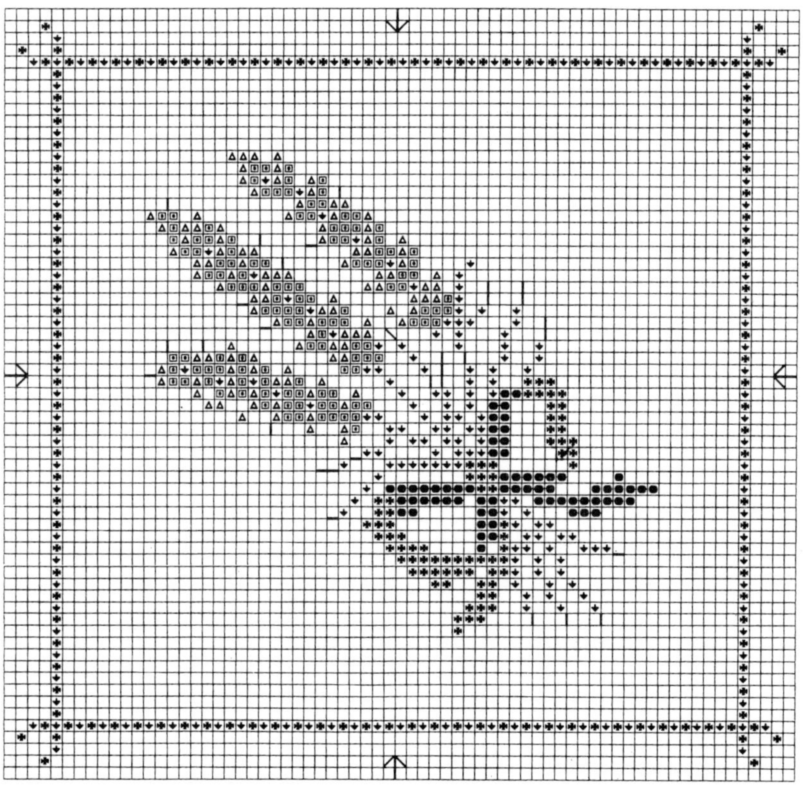

Blauer Lavendel ▶

✚ 224 Rosa
● 892 Geranienrot
⊡ 340 Veilchenblau
△ 341 Blau
↓ 368 Grün
Rückstiche: Grün

Gesticktes zur Hochzeit

Drei bezaubernde Accessoires für den Hochzeitstag – ein Kissen für die Trauringe, bestickt mit Tauben, Blumen und Herzen, den Initialen des Brautpaares und einer zarten Blütenbordüre und eingefaßt mit einer Rüsche aus duftiger Spitze; dazu passend zwei verspielte Säckchen für Konfetti oder Reis.
Mit Schlaufen aus Satinband versehen, könnte man sie nach der Hochzeit als originelle Beutelchen am Gürtel tragen. Auf alle Fälle aber dürften Kissen und Säckchen zu wohlgehüteten Andenken an den großen Tag werden.

Gesticktes zur Hochzeit

Material

Für das Trauring-Kissen, 25 cm x 25 cm:

2 Stücke weißes Stickleinen oder weißer Davosa-Stoff,
ca. 70 Fäden/10 cm, je 20 cm x 20 cm
Sticktwist in den in der Tabelle angeführten Farben
76 cm fertige weiße Spitzenrüsche, 4 cm breit
46 cm blaues Geschenkband
46 cm blaßrosa Geschenkband
Sticknadel Nr. 26
Passendes Nähgarn
1 Kissen, 20 cm x 20 cm

Für die Konfetti- und Reissäckchen, ca. 13 cm x 10 cm:

2 Stücke weißes Stickleinen oder weißer Davosa-Stoff,
ca. 70 Fäden/10 cm, je 20 cm x 20 cm, je 33 cm x 12 cm
Sticktwist in den in der Tabelle angeführten Farben
90 cm blaßblaues Satinband, 12 mm breit
90 cm blaßrosa Satinband, 12 mm breit
Sticknadel Nr. 26
Passendes Nähgarn
Transparentpapier

Kissen für die Trauringe:

Sticken

Den Anleitungen auf Seite 4 und 5 entsprechend den Stoff vorbereiten und in einen Stickrahmen spannen. Arbeiten Sie mit zwei Fäden in der Nadel und sticken Sie jeden Kreuzstich über zwei Gewebefäden. Halten Sie sich an das Zählmuster und sticken Sie zunächst die innere und anschließend die äußere Bordüre. Mit einem Knötchenstich in Minzgrün allen Vögeln zwei Stiche hinter dem Schnabel ein Auge setzen. Statt der Buchstaben P und R sticken Sie die Initialen des Brautpaars. Die Stickerei aus dem Rahmen nehmen, die Heftfäden herausziehen und – falls erforderlich – vorsichtig von links dämpfen.

Fertigstellen

Mit einer schmalen französischen Naht die Schmalseiten des Spitzenbesatzes zusammenfügen. Die Spitze rechts auf rechts auf die Stickerei legen und knapp innerhalb der 12 mm breiten Nahtzugabe auf den Stoff aufheften. Die Rüsche gleichmäßig verteilen – an den Ecken etwas fülliger – und dann ansteppen.

Ober- und Unterstoff rechts auf rechts legen, heften und rundherum zusammensteppen; in der Mitte einer Seite einen 13 cm langen Schlitz offenlassen. Die Ecken zurückschneiden und die Kissenhülle auf die rechte Seite drehen.
Fixieren Sie das Geschenkband mit einigen Stichen in der Mitte der Kissenhülle und knüpfen Sie es zu einer Schleife; später werden daran die Trauringe befestigt. Das Kissen in die Hülle stopfen und den Schlitz mit Hohlstichen verschließen.

Herzförmiges, blaues Konfetti-Säckchen:

Sticken

Den vorbereiteten Stoff der Breite nach in der Mitte falten, entlang der Umbruchlinie auseinanderschneiden und ein Stück (Rückseite) beiseite legen. Auf der anderen Hälfte die beiden Mittellinien mit Heftstichen markieren und den Stoff in einen Rundrahmen spannen. Sticken Sie mit zwei Fäden in der Nadel nach dem Zählmuster und arbeiten Sie jeden Kreuzstich über zwei Gewebefäden. Die fertige Stickerei von links dämpfen.

Fertigstellen

Pausen Sie mit einem weichen Bleistift die Konturen der Herzform durch und markieren Sie wie auf dem Zählmuster die Mittellinien. Die Stickerei mit der rechten Seite nach unten ausbreiten, das Transparentpapier umdrehen und so auf die Rückseite der Stickerei auflegen, daß Heft- und Bleistiftlinien übereinstimmen. Die Konturen nochmals nachziehen, damit sie sich auf dem Stoff abzeichnen. Im Abstand von 12 mm eine zweite Umrißlinie als Nahtzugabe ziehen. Den Stoff ausschneiden, als Schablone auf das zweite Stück Stoff auflegen und die Rückseite des Säckchens zuschneiden.
Schneiden Sie 25 cm des blaßblauen Bandes für die Schlaufe ab und legen Sie es beiseite. Die Schmalkanten des restlichen Bandes mit einer schmalen französischen Naht zusammenfügen, das Band fälteln, rechts auf rechts auf die Stickerei auflegen und feststecken (also ebenso verfahren wie mit der Spitzenrüsche an dem Trauring-Kissen). Vorder- und Rückseite des Säckchens rechts auf rechts legen, entlang der Kante zusammensteppen und an der im Zählmuster markierten Stelle eine Öffnung lassen.
Das Säckchen auf die rechte Seite drehen und an der rückwärtigen Oberkante einen 6 mm breiten Doppelsaum nähen.

Kissen für die Trauringe ▼

◆ 677 Gelb	✚ 3747 Blau
△ 605 Rosa	⊡ 955 Minzgrün
● 963 Dunkelrosa	↓ 722 Gelbgrün
	○ 504 Graugrün

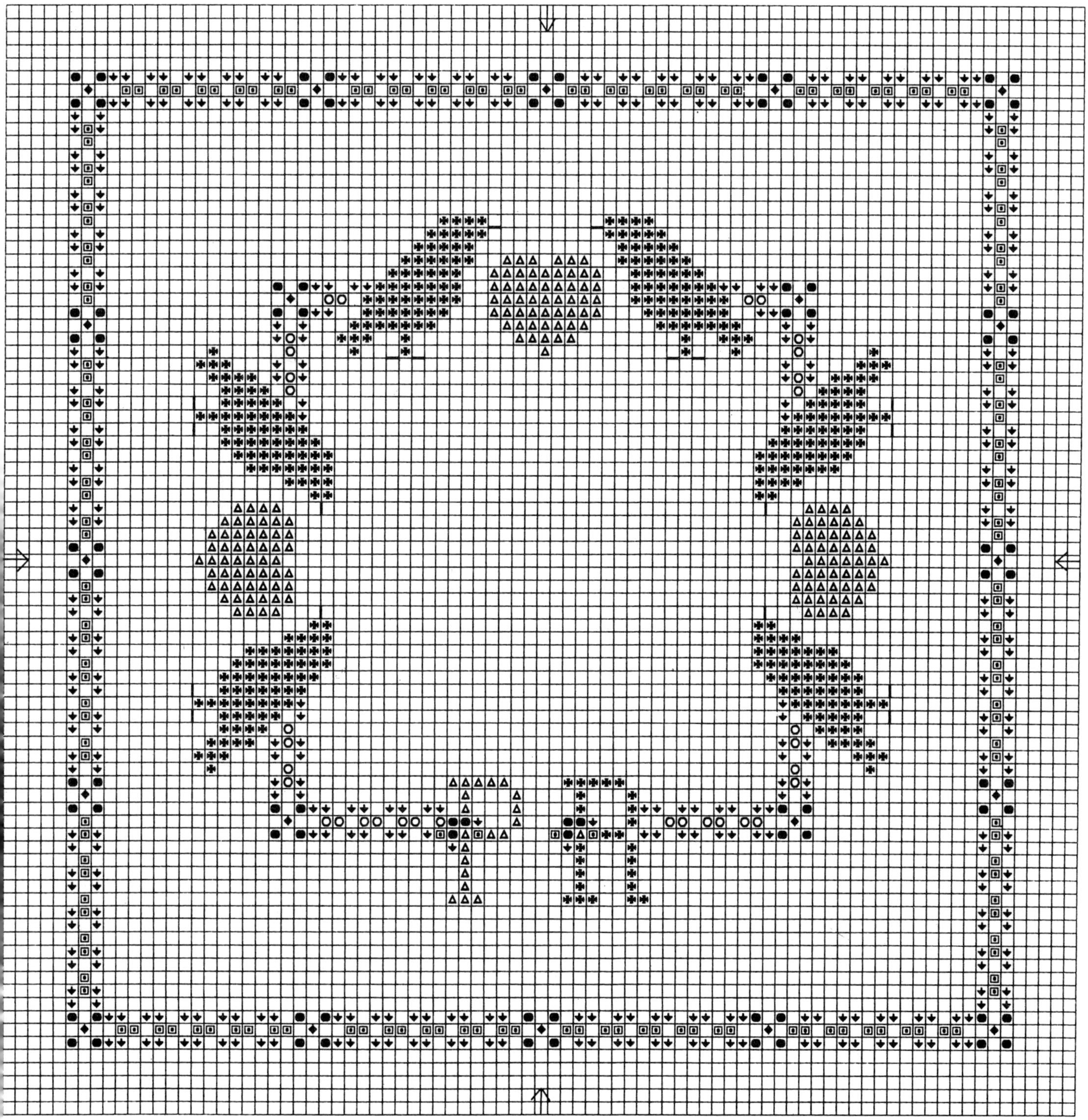

Für die Schlaufe das restliche Band in der Mitte falten und die beiden Enden an der vorderen Oberkante von innen und durch die Nahtzugabe hindurch mit einigen Steppstichen festnähen. An der Innenseite der rückwärtigen Oberkante eine Knopflochschlinge machen, das Säckchen mit Konfetti füllen und die Seidenschlaufe durch die Knopflochschlaufe ziehen.

Blaues Konfettisäckchen ▼

○	677	Blaßgold	●	794	Blau
⊡	744	Gelb	△	772	Grün
↓	3747	Blaßblau	✚	504	Graugrün

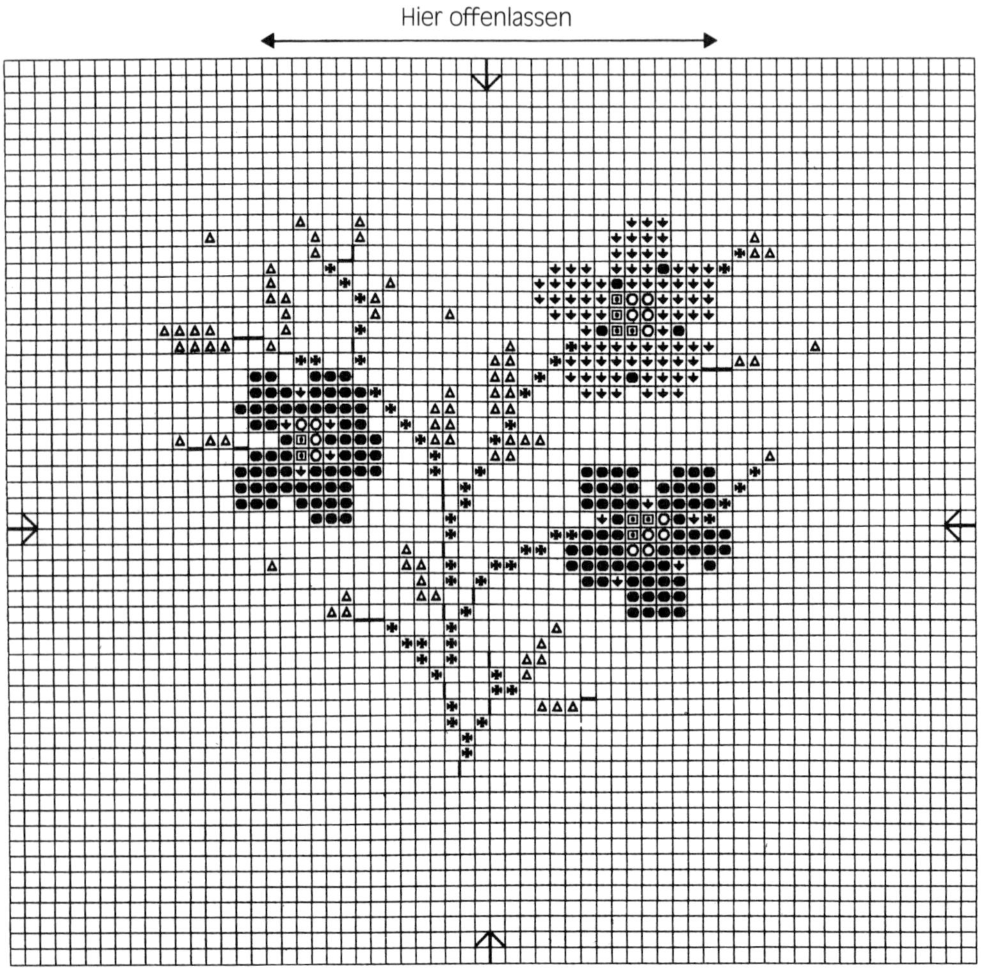

Viereckiges, rosafarbenes Konfetti-Säckchen:

Sticken

Falten Sie dem Diagramm auf Seite 41 entsprechend den Stoff der Breite nach in der Mitte und markieren Sie die Umbruchlinie sowie auf dem Oberstoff die senkrechte Mittellinie mit Heftstichen; die Senkrechtlinie dient als Orientierungshilfe beim Plazieren des Motivs. Nun den Stoff nach dem Zählmuster genauso besticken wie das herzförmige Säckchen.

Rosafarbenes Konfettisäckchen ▼

- ○ 677 Blaßgold
- ⊡ 744 Gelb
- △ 605 Blaßrosa
- ● 962 Rosa
- ↓ 722 Grün
- ✠ 504 Graugrün

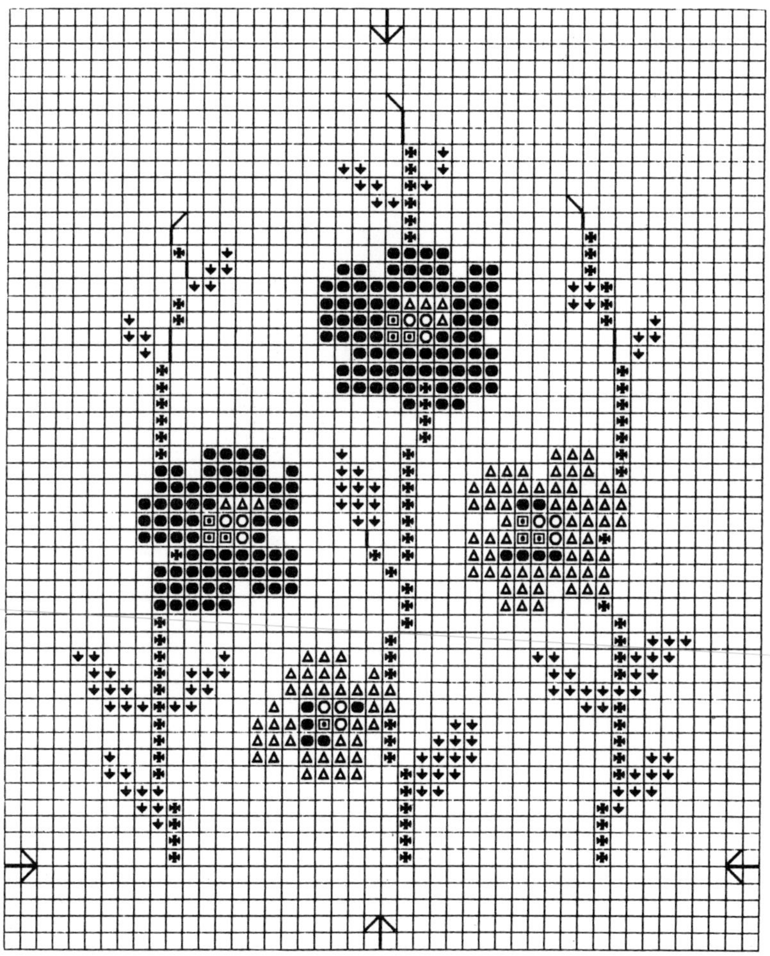

Fertigstellen

Den Stoff der Breite nach in der Mitte falten, rechts auf rechts legen und die Seitenkanten heften und zusammensteppen. Die Nahtzugabe auf 6 mm zurückschneiden und die Naht auseinanderbügeln. Die Oberkante 12 mm breit doppelt einschlagen, stecken, heften und säumen.

Für die Schlaufe 40 cm rosa Band abschneiden. Die Bandenden in das Säckchen schieben und in der Mitte der Vorder- und Rückseite etwa 3 cm unterhalb der Oberkante annähen (die Stiche verschwinden unter der rosa Schleife). Das restliche Band in der Mitte falten und ca. 3 cm unterhalb des Randes seitlich befestigen. Das Säckchen mit Konfetti oder Reis füllen und zubinden.

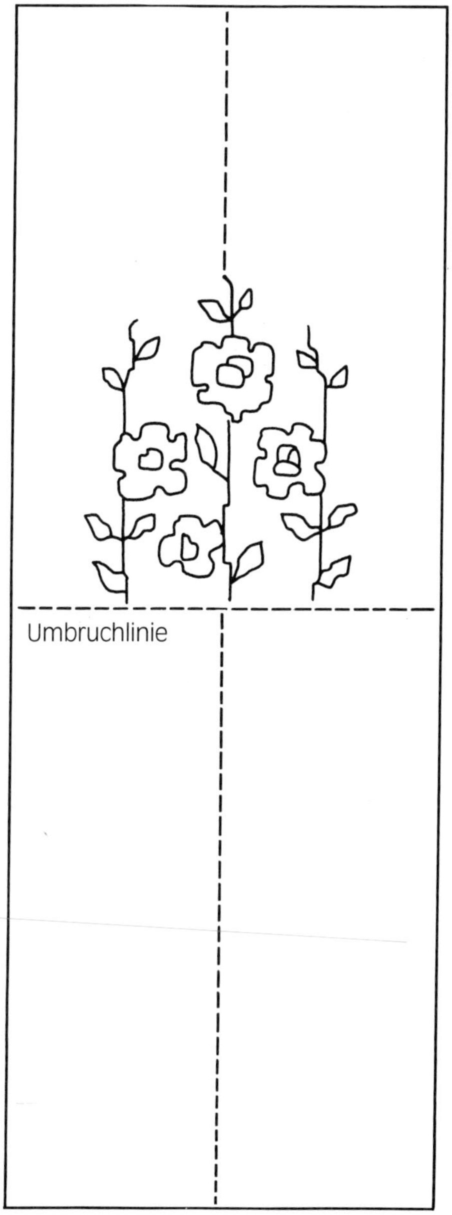

Handgestickte Passepartouts

Im viktorianischen Stil bestickt, vermitteln diese Rahmen einen Hauch von Tradition. Beim Rahmen auf der rechten Seite wurden für die Schuhschnallen und die Augen der Heinzelmännchen Perlen verarbeitet. Und auch die Rosen auf dem Modell gegenüber sind mit Perlen verziert. Wollen Sie diese beiden Stickereien hinter Glas setzen, arbeiten Sie beim Heinzelmännchen-Motiv anstelle der Perlen Kreuzstiche in einem dunkleren Ton ein und lassen sie bei den Rosenranken ganz weg.

Handgestickte Passepartouts

Material

Für einen Rahmen 24 cm x 19 cm; einschließlich 6 mm Rundumzugabe zum Einpassen in den Falz eines Bilderrahmens:

30 cm x 25 cm cremefarbenes Stickleinen,
ca. 104 Fäden/10 cm
Sticktwist in den in der Tabelle angeführten Farben
24 cm x 19 cm leichte Synthetic-Wattierung
30 cm x 25 cm dünne Vlieseline zum Aufbügeln
Schneidemesser oder scharfe Allzweckschere
Sticknadel Nr. 26 und eine sehr feine Nadel für Perlarbeiten
Passendes Nähgarn
Transparentpapier
Sprühkleber
Farbloser Mehrzweckkleber
Bilderrahmen nach Geschmack mit Ausschnittfläche
23 cm x 18 cm

Sticken

Alle drei Passepartouts werden auf dieselbe Weise angefertigt. Den Stoff in einen Leistenspannrahmen (siehe Seite 5) spannen, und das Motiv mit zwei Fäden in der Nadel nach dem Zählmuster sticken. Die Stickerei aus dem Rahmen nehmen und die Vlieseline auf die Rückseite aufbügeln. Bei den Motiven „Heinzelmännchen" und „Schneeweißchen und Rosenrot" die Perlen mit der Perlnadel und passendem Nähgarn aufnähen. Falls erforderlich, die Stickarbeit von rechts dämpfen.

Fertigstellen

Pausen Sie mit einem weichen Bleistift (2B) die inneren und äußeren auf dem Zählmuster eingezeichneten Rahmenlinien durch. Das Transparentpapier umdrehen, auf den Karton auflegen und die Konturen durchpausen. Anschließend den Passepartout-Ausschnitt mit einem Schneidemesser sorgfältig ausschneiden.
Mit dem Passepartout als Schablone die Wattierung ausschneiden und mit Sprühkleber auf dem Karton fixieren.
Den Anleitungen auf Seite 7 entsprechend den Stoff montieren. Breiten Sie die Stickerei mit der linken Seite nach oben aus, schneiden Sie sie waagrecht und senkrecht zurecht und schneiden Sie dann den Ausschnitt diagonal in beide Richtungen bis 6 mm vor den Ecken ein. Sie werden feststellen, daß ein oder zwei winzige Tropfen farblosen Klebstoffs an allen Ecken des Kartons die Arbeit erheblich erleichtern. Den Stoff im Ausschnitt gerade abschneiden und rundum 12 mm zugeben. Schlagen Sie die Zugaben an den jeweils gegenüberliegenden Seiten nach hinten um und fixieren Sie sie auf der Passepartout-Rückseite fest mit Klebeband.
Nun das von Ihnen gewählte Foto oder Bild in das Passepartout einpassen und vor dem Einsetzen in den Bilderrahmen gleichfalls mit Klebeband fixieren.

Perlen aufsticken

Arbeiten Sie mit einer sehr feinen Nadel und Nähfaden oder feiner Seide. Die Nadel nach oben durchstechen, eine Perle aufnehmen und mit der Nadel wieder in dasselbe Loch einstechen. Anschließend einen Stich in Perlenbreite ausführen (in diesem Fall in Breite eines Kreuzstiches) und den Faden durchziehen; er liegt dabei unter der Nadel. Diesen Vorgang der Stickvorlage entsprechend wiederholen.

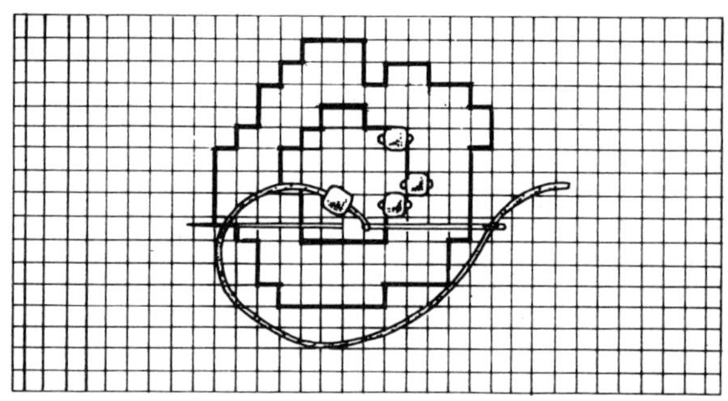

Der goldene Vogel ▶

- △ Goldfaden
- ⊡ 3013 Grün
- ✱ 3053 Gelbgrün
- ● 3052 Gelbgrün, dunkel

Heinzelmänchen ▲

- ⊡ 788 Blaßrosa
- △ 788 Dazu passende Perlen
- ● 3733 Rosa
- ✠ 452 Blaulila, hell

Rückstiche Nähfaden: Rosa; Nähnadeln, Garnrollen: Blaulila, hell

Schneeweißchen und Rosenrot ▶

- ↑ Weiß
- ⁄ Weiße Perlen
- S 726 Gelb
- I 725 Sattgelb
- ◣ 761 Rosa
- ● 352 Dunkelrosa
- △ 3013 Salbeigrün
- ○ 733 Grün
- ✠ 924 Dunkelgrün
- ◆ 3072 Blaßgrau
- ↓ 452 Grau
- ⊡ 451 Dunkelgrau

Rückstiche Dornen und Stengel: Rosa und Grau; rund um rosa Blumen: Dunkelrosa

DANKSAGUNGEN

Die Autorin dankt folgenden Personen, die mit großem Können und Hingabe an der Herstellung der in diesem Buch vorgestellten Stickarbeiten beteiligt waren: Gisela Banbury, Clarice Blakey, Caroline Davies, Christina Eustace, Janet Grey, Elisabeth Hall, Anne Whitbourn und Julie Hasler für ihre Entwürfe „Schlafmütze" auf Seite 12 und „Mädchen mit Schutenhut" auf Seite 24.
Desgleichen gilt der Dank der Herausgeber folgenden Sponsoren:
The Monogrammed Linen Shop,
68 Walton Street, London SW3;
DMC Creative World Ltd. für die Überlassung der Zählmuster.